Das Berufsbeamtentum
im neuen demokratischen deutschen Staat

Eine staatsrechtliche Studie

von

Dr. Carl Heyland

ordentl. Professor des öffentlichen Rechts in Gießen

(Nach dem Stande vom 1. Oktober 1948)

Berlin 1949

Walter de Gruyter & Co.

vormals G. J. Göschen'sche Verlagshandlung / J. Guttentag, Verlagsbuchhandlung / Georg Reimer / Karl J. Trübner / Veit & Comp.

Archiv Nr. 240449

11624. Druck: A. W. Hayn's Erben, Berlin SO 36. Nr. VIII/99, 0. 06. 0513. 570.

Herrn Geheimen Justizrat
Professor Dr. GERHARD ANSCHÜTZ,
dem Altmeister des deutschen Staatsrechts, widme
ich diese Schrift in dankbarer Verehrung zur Feier
seines 80. Geburtstages am 10. Januar 1947.

Der Verfasser

Inhaltsverzeichnis

VORWORT

Das Manuskript der §§ 1—9 ist bereits Ende 1946 fertiggestellt und Herrn Geheimrat Prof. Dr. Gerhard Anschütz als Festgabe zur Feier seines 80. Geburtstages am 10. Januar 1947 vorgelegt worden. Infolge der Not der Zeit konnte die Drucklegung erst Anfang dieses Jahres erfolgen. Auf Anregung des Verlages habe ich dem Manuskript einen Schlußparagraphen (§ 10) hinzugefügt, der sich mit der staatsrechtlichen Stellung des Berufsbeamtentums in den inzwischen erlassenen neuen demokratischen Verfassungen und Beamtengesetzen der deutschen Länder der westlichen Besatzungszone befaßt.

Die in der vorliegenden Schrift behandelten beiden Kernfragen, ob die Einrichtung des Berufsbeamtentums im modernen Parteienstaat beizubehalten sei, und ob — bei Bejahung dieser Frage — die Berufsbeamten im modernen Parteienstaat parteipolitisch zu neutralisieren seien, sind bereits während des Weimarer Staates von Kennern und Meistern des deutschen und ausländischen Staatsrechts eifrig erörtert worden. Aus der Zahl der Autoren, die mir vorzüglich Belehrung und Anregung geboten haben, fühle ich mich Arnold Köttgen zu besonderem Dank verpflichtet. Köttgen hat erstmalig nachdrücklich darauf hingewiesen, daß die Einrichtung des Berufsbeamtentums nicht, wie bisher bei uns in Deutschland, lediglich vom Standort des einzelnen Beamten, d. h. als dienstrechtliches Problem, sondern in erster Linie als staatsrechtliches Problem betrachtet werden muß; er hat uns ferner über die staatsrechtliche Stellung des Berufsbeamtentums in den großen westlichen modernen Parteienstaaten, in den Vereinigten Staaten von Amerika, in England und Frankreich, gründlich unterrichtet. Auf seinen Forschungsergebnissen konnte ich große Teile der vorliegenden Abhandlung aufbauen.

Das Manuskript ist am 1. November 1948 endgültig abgeschlossen worden. Zu den inzwischen bekanntgewordenen, m. E. beachtlichen Vorschlägen, wonach die in Deutschland traditionelle Einteilung der öffentlichen Bediensteten in Beamte, Behördenangestellte und Behördenarbeiter zu beseitigen und entsprechend dem Vorbild des amerikanischen Civil Service durch die Einteilung in Beamte und Behördenarbeiter (laborers) zu ersetzen ist, konnte hier nicht mehr Stellung genommen werden.

Herr Ministerialdirigent i. R. Dr. Kurt Günther (früher im Preußischen Handelsministerium) in Berlin, einer der besten Kenner unseres deutschen Beamtenrechts und Beamtenwesens, hat liebenswürdigerweise in mein Manuskript Einsicht genommen und meine Arbeit durch wertvolle Ratschläge gefördert. Ich bitte ihm hierfür auch an dieser Stelle nochmals meinen verbindlichsten Dank aussprechen zu dürfen.

Gießen, am Neujahrstag 1949.

Der Verfasser.

§ 1

Die Wiedereinführung der demokratischen Staatsform in Deutschland

I. Der Fortbestand des Deutschen Reiches als Staat und Völkerrechtssubjekt trotz seiner völligen Niederkämpfung.

Am 8. Mai 1945 hat sich die deutsche Wehrmacht den Streitkräften der Vereinten Nationen bedingungslos ergeben. Unmittelbar nach Unterzeichnung der deutschen Uebergabeerklärung durch Vertreter des Oberkommandos der deutschen Wehrmacht[1]) haben die Streitkräfte der Vereinten Nationen die im Verlauf der seitherigen kriegerischen Operationen noch nicht besetzten kleinen Teile des deutschen Reichsgebietes besetzt. Von diesem Zeitpunkt ab ist das Deutsche Reich völlig niedergekämpft.

Der Tatbestand der völligen Niederkämpfung des Gegnerstaates im Kriege, der debellatio, erfordert, daß die Ausübung der gegnerischen Staatsgewalt durch militärischen Gewaltakt in einer Weise ausgeschaltet ist, daß die Regierung des Gegnerstaates praktisch keinerlei Möglichkeit zur Einwirkung auf das Schicksal ihres Volkes und Gebietes mehr besitzt, daß die Staatsgewalt des Gegnerstaates für diesen zum „nudum jus" geworden ist. Das trifft hinsichtlich des Deutschen Reiches seit dem vorgenannten Zeitpunkte zu.

Bei der Unterzeichnung der deutschen Uebergabeerklärung am 8. Mai 1945 war nahezu das gesamte Gebiet des Deutschen Reiches von den Streitkräften der Vereinten Nationen kriegerisch besetzt. Die deutschen Streitkräfte zu Lande, zu Wasser und in der Luft waren teils vernichtet, teils in voller Auflösung begriffen. Das seitherige Oberhaupt des Deutschen Reiches, der Führer Adolf Hitler, lebte nicht mehr, die noch im Amt befindliche, von Admiral Dönitz geführte deutsche Reichsregierung war nicht mehr imstande, noch in nennenswertem Maße Hoheitsbefugnisse über das Reichsvolk innerhalb des Reichsgebietes auszuüben. Nachdem das Deutsche Reich durch die am 8. Mai 1945 unterzeichnete Uebergabeerklärung endgültig wehrlos geworden ist und die Streitkräfte der Vereinten Nationen die restlichen Teile des deutschen Reichsgebiets besetzt haben, ist eine Ausübung der deutschen Reichsgewalt innerhalb des deutschen

---

[1]) Der Text der deutschen Uebergabeerklärung ist abgedruckt im Amtsblatt des Kontrollrats in Deutschland, Ergänzungsheft I, S. 6.

Reichsgebietes durch deutsche Regierungsorgane vollständig ausgeschlossen. Von da ab ist der Tatbestand der debellatio, der völligen Niederkämpfung des Deutschen Reiches, eindeutig erfüllt.

Durch die Tatsache der debellatio als solche ist das Deutsche Reich in seinem Bestande als „Staat" und „Völkerrechtssubjekt" aber nicht berührt worden. Die völlige Niederkämpfung des Gegnerstaates führt automatisch, d. h. ohne entsprechende Willenserklärung des Siegerstaates, weder zur Beendigung des Kriegszustandes mit dem Gegnerstaat noch zu dessen Angliederung an den Siegerstaat, zu dessen Annexion und damit zu dessen Vernichtung als Staat und Völkerrechtssubjekt. Die völlige Niederkämpfung des Gegnerstaates schafft lediglich eine Lage, in welcher der Siegerstaat den Krieg mit ihm einseitig als beendigt erklären und sich sein gesamtes Gebiet aneignen (annektieren) oder dasselbe einem dritten Staat überlassen oder aus demselben ein neues Staatswesen bilden kann[2]). Der Siegerstaat kann statt dessen aber ein den niedergekämpften Staat mit seinem gesamten Gebiet oder einem Teil desselben weiterbestehen lassen und sich mit der Besetzung des dem Gegnerstaat verbleibenden gesamten Gebietes oder mit einer Teilannexion und einer Besetzung des dem Gegnerstaat verbleibenden Restgebietes begnügen.

Ueber das Wesen der debellatio, der völligen Niederkämpfung des Gegnerstaates, finden sich in der Völkerrechtslehre teils unklare, teils unrichtige Vorstellungen. So wird mehrfach die Auffassung vertreten, bei der debellatio werde der niedergekämpfte Staat als solcher und damit auch als Völkerrechtssubjekt vernichtet. „Der eroberte (debellierte) Staat höre auf, als Staat, mithin als völkerrechtliches Rechtssubjekt zu existieren[3])". Diese Ansicht geht aber fehl. Sie verwechselt offensichtlich debellatio und Annexion. Sie verkennt, daß debellatio und Annexion nicht identische Begriffe sind, daß die debellatio vielmehr eine notwendige Voraussetzung der nachfolgenden Annexion bildet.

Bei der debellatio wird nicht der niedergekämpfte Staat und mit ihm auch seine Eigenschaft als Völkerrechtssubjekt vernichtet. Es fällt nicht etwa die Staatsgewalt des debellierten Staates als solche und damit eines seiner drei wesentlichen Elemente fort. Bei der debellatio wird ebensowenig wie bei der kriegerischen Besetzung die Staatsgewalt des besiegten Staates in ihrem Bestande berührt. Die Staatsgewalt des niedergekämpften Staates als solche bleibt vielmehr bestehen, lediglich ihre Ausübung durch die Organe des unter-

[2]) Vgl. hierzu Strupp im Wörterbuch des Völkerrechts und der Diplomatie, Bd. I, 715, Ziff. IIa 3 Art. Kriegsbeendigung.

[3]) Vgl. v. Liszt, Völkerrecht, 11. Aufl. § 39 VI, 1a, S. 287 in Verb. mit § 10 I, 2, S 85; Wolgast, Völkerrecht, § 532, S. 954.

legenen Staates wird in vollem Umfang ausgeschaltet. Die Staatsgewalt wird, wie oben bemerkt worden ist, zum „nudum jus" des besiegten Staates. Erst durch die Annexion seitens des Siegers hört der niedergekämpfte Staat auf, „Staat" und damit Völkerrechtssubjekt zu sein. Daß der niedergekämpfte Staat durch die debellatio nicht seiner Eigenschaft als „Staat" und Völkerrechtssubjekt verlustig geht, zeigt sich eindeutig in allen denjenigen Fällen, in denen der Siegerstaat den niedergekämpften Staat nicht annektiert, sondern sich mit dessen Besetzung begnügt. Es handelt sich dabei nach der Auffassung der Staatenpraxis nicht um die Besetzung eines vom Siegerstaat zunächst vernichteten und sodann neu errichteten Staates, sondern um die Besetzung desselben Staates, der trotz seiner Niederkämpfung nach dem Willen des Siegerstaates weiterbesteht.

Die Vereinten Nationen wären nach der debellatio des Deutschen Reiches ohne weiteres in der Lage gewesen, das gesamte Deutsche Reich zu annektieren und damit als Staat und Völkerrechtssubjekt auszulöschen. Die Vereinten Nationen sind nach der debellatio des Deutschen Reiches aber weder zu dessen Totalannexion geschritten noch haben sie eine solche für die Zukunft ins Auge gefaßt. In Abs. 5 der Einleitung zu ihrer Deklaration vom 5. Juni 1945 haben die bevollmächtigten Vertreter der Vereinten Nationen ausdrücklich betont, daß die Uebernahme der obersten Gewalt innerhalb des Deutschen Reiches durch die Regierungen der Vereinigten Staaten von Amerika, der Sowjet-Union, Großbritanniens und Frankreichs „nicht die Annektierung Deutschlands bewirke". Die Vereinten Nationen haben sich vielmehr entschlossen, das debellierte Deutsche Reich als Staat und damit auch als Völkerrechtssubjekt weiterbestehen zu lassen. Das ist auch in dem Schlußkommuniqué der Dreimächtekonferenz in Potsdam vom 2. Aug. 1945 ausdrücklich bestätigt worden. Danach soll Deutschland „als politische und wirtschaftliche Einheit" bestehen bleiben[4]. Die Vereinten Nationen haben dem Deutschen Reich, wie sich aus Art. 2 Ziff. d der Deklaration vom 5. Juni 1945 und aus § 2 des Gesetzes Nr. 161 der Amerikanischen Militärregierung betr. Grenzkontrolle ergibt, seine Grenzen vom 31. Dez. 1937 zugebilligt und sich zunächst mit der Besetzung des gesamten, innerhalb dieser Grenzen gelegenen Reichsgebietes begnügt. Gleichzeitig haben die Vereinten Nationen aber eine Verkleinerung des Reichsgebietes durch noch beabsichtigte Teilannexionen in Aussicht gestellt. Das erhellt u. a. aus Abs. 6 der Einleitung zu der Deklaration vom 5. Juni 1945,

---

[4] Vgl. Frankfurter Rundschau I/2 v. 4. 8. 1945.

wo von den künftigen Grenzen Deutschlands die Rede ist, welche die Regierungen der Vereinten Nationen später festlegen werden.

Das Deutsche Reich ist danach trotz seiner völligen Niederkämpfung durch die Vereinten Nationen als Staat und Völkerrechtssubjekt bestehen geblieben. Diese Auffassung entspricht nicht nur der einmütigen Ansicht der deutschen Völkerrechtswissenschaft[5]), sondern ist inzwischen auch von ausländischen Gerichten, und zwar in einer grundlegenden Entscheidung des Obergerichts des Kantons Zürich vom 1. Dez. 1946[6]) sowie in Entscheidungen englischer Gerichte im Falle des deutschen Staatsangehörigen Küchenmeister[7]) eindeutig anerkannt worden. Das Obergericht des Kantons Zürich führt aus, daß die Besatzungsmächte nicht die Absicht hätten, Deutschland die Staatsgewalt zu nehmen, sondern daß sie lediglich dessen Regime hätten beseitigen wollen. Das sei das Hauptziel des ganzen Krieges gewesen. Die Besatzungsmächte hätten dann auch nach Maßgabe der Möglichkeit wieder deutsche Regierungen zugelassen und gefördert und damit zum Ausdruck gebracht, daß sie die deutsche Staatsgewalt nicht als untergegangen betrachteten. Ein Regimewechsel, auch ein solcher durch revolutionäre Umwälzung, bewirke aber nicht den Untergang des Staates. Gäbe es keinen deutschen Staat mehr, so beständen auch keine deutschen Staatsbürger und deutschen Gesetze mehr. Tatsache sei aber, daß die Besatzungsmächte, wie dies dem Zustand der vorübergehenden kriegerischen Besetzung entspreche, vom Weiterbestehen der deutschen Gesetzgebung und des deutschen Staatsbürgerrechts ausgingen.

Der vorstehenden Entscheidung des Obergerichts des Kantons Zürich und den vorerwähnten Entscheidungen englischer Gerichte ist deshalb besondere Bedeutung beizumessen, weil sie im Anschluß an eine entsprechende Aeußerung des eidgenössischen Justiz- und Polizeidepartements sowie des Bundespräsidenten v. Steiger vom 6. Aug. 1945 bzw. des britischen Foreign Office erfolgt sind. In der Aeußerung des Foreign Office heißt es u. a.:

> „(1) Nach Abs. 5 der Präambel zu der „Erklärung vom 5. Juni in Anbetracht der unbedingten Uebergabe Deutschlands" haben die Regierungen des Vereinigten Königsreichs, der Vereinigten Staaten von Amerika, der UdSSR. und Frankreichs die oberste Regierungsgewalt in Deutschland, einschließlich aller Befugnisse der deut-

5) Vgl. statt vieler Laun in Monatsschrift f. Deutsches Recht 1947, S. 246 ff.; v Turegg, Deutschland und das Völkerrecht (1948), S. 36 ff., insbes. S. 41. Unrichtig ist allerdings die Auffassung v. Tureggs vom Wesen der debellatio. v. Turegg verwechselt ebenso wie v. Liszt u. Wolgast (vgl. Anm. 3 in diesem Paragraphen) debellatio und Annexion.

6) Vgl. Schweizer Juristen-Zeitung 1946, S. 89 ff.; Deutsche Rechtszeitschrift 1947, S. 35.

7) Vgl. Ernst J. Cohn, „Zum rechtlichen Problem Deutschlands" in Monatszeitschrift für Deutsches Recht 1947, S. 178 ff.

schen Regierung, des Oberkommandos der Wehrmacht und der Regierungen, Verwaltungen oder Behörden der Länder, Städte und Gemeinden übernommen. Die Uebernahme der besagten Regierungsgewalt und der Befugnisse zu den vorstehend genannten Zwecken bewirkt nicht die Annektierung Deutschlands.

(2) Infolge dieser Erklärung besteht Deutschland noch weiterhin als ein Staat und die deutsche Staatsangehörigkeit als eine Staatsangehörigkeit, jedoch ist die Alliierte Kontrollkommission die Stelle, durch welche die Regierungsgewalt in Deutschland ausgeübt wird[8])."

Die Ansicht von Kelsen[9]), wonach das Deutsche Reich durch die debellatio seine Eigenschaft als Staat und Völkerrechtssubjekt verloren haben soll, ist nach alledem nicht nur als theoretisch unhaltbar zu kennzeichnen, sondern vor allem auch durch die Staatenpraxis widerlegt.

II. Die Neugestaltung des deutschen Staates auf demokratischer Grundlage.

Wie sich sowohl aus dem Schlußkommuniqué der Potsdamer Dreimächtekonferenz vom 2. August 1945[10]) als auch etwa aus dem Vorspruch zur Proklamation Nr. 3 des Alliierten Kontrollrats vom 20. Okt. 1945 betr. Hauptgrundsätze der deutschen Rechtsreform und aus dem Vorspruch zu dem Gesetz Nr. 4 des Alliierten Kontrollrats vom 30. Okt. 1945 betr. den Wiederaufbau des deutschen Rechtswesens ergibt, haben die Siegermächte angeordnet, daß das staatliche Leben in Deutschland auf demokratischer Grundlage neu zu gestalten ist. Dem deutschen Volk ist danach die Wiedereinführung der demokratischen Staatsform, die im Reich ebenso wie in den Ländern bis zum nationalsozialistischen Umbruch im Jahre 1933 verfassungsmäßig bestanden hat, zur Pflicht gemacht.

Der Begriff der Demokratie ist weder in Deutschland noch in einem anderen Staat positivrechtlich festgelegt. In der Staatstheorie und im täglichen Sprachgebrauch werden dem vorgenannten Begriff verschiedene Bedeutungen beigelegt. Er „kann mehr eine Form oder mehr einen Inhalt, mehr ein Minimum oder mehr ein Optimum oder Pessimum bedeuten"[11]). Immerhin lassen sich aber in der gesamten abendländischen Kulturwelt seit Jahrzehnten drei Merkmale feststellen, die für den Begriff der Demokratie als wesentlich anzusehen sind: Grundlegendes Kennzeichen für die

---

8) Zit. nach v. Turegg, a. a. O., S. 43.

9) Vgl. „The legal status of Germany according to the declaration of Berlin" in American Journal of International Law Bd. 34 Nr. 3 Juli 1945, S. 518 ff.

10) Vgl. Frankfurter Rundschau I/2 v. 4. 8. 1945.

11) Vgl. R. Thoma i. Hdb. d. StR. Bd. I § 16, S. 188.

demokratische Staatsform ist danach zunächst die „substantielle Gleichheit" aller Staatsbürger und aus ihr folgend Gleichheit aller Staatsbürger vor dem Gesetz, gleiches Wahlrecht, gleiches Stimmrecht und gleiche Zulassung aller Staatsbürger zu den öffentlichen Aemtern. Die Substanz der demokratischen Gleichheit pflegt dabei im modernen Staat im Nationalen, nämlich in der Zugehörigkeit der Bürger zu der den Staat bildenden Nation, zu liegen[12]). Kennzeichnend für die demokratische Staatsform ist ferner, daß alle Herrschaftsgewalt unmittelbar oder mittelbar auf der Grundlage des gleichen Wahl- und evtl. Stimmrechts aufgebaut ist, und endlich, daß alle Obrigkeit befristet eingesetzt oder abberufbar ist[13]).

Die Demokratie oder der Volksstaat steht als „responsible government" somit in einem ausschließenden Gegensatz zu dem von Hugo Preuß so genannten Obrigkeitsstaat, dem „autocratic government", einem Staat mit stabiler, unabsetzbarer Obrigkeit.

Des öfteren wird gelehrt, daß für die demokratische Staatsform neben der „Gleichheit" auch die „Freiheit" der Staatsbürger begriffswesentlich sei[14]). Diese Auffassung ist aber abzulehnen. Richtig ist zwar, daß im demokratischen Staat regelmäßig bestimmte Freiheiten der Staatsbürger, so etwa die Freiheit der Person, die Freiheit der Meinungsäußerung, die Glaubens- und Gewissensfreiheit sowie die Freiheit der Versammlungen und Vereinigungen verfassungsmäßig gewährleistet sind. Bei dieser Gewährleistung der „innerpolitischen Freiheit" der Staatsbürger handelt es sich aber um ein Prinzip des bürgerlichen Rechtsstaates, das zu den politischen Formprinzipien — mögen sie monarchisch, aristokratisch oder demokratisch sein — modifizierend hinzutritt. Die innerpolitische Freiheit der Staatsbürger ist kein besonderes Kennzeichen der demokratischen Staatsform. Sie begegnet uns auch in Staaten mit monarchischer oder aristokratischer Staatsform, sofern diese auf dem Prinzip des bürgerlichen Rechtsstaates aufgebaut sind[15]).

Da eine Verfassung, die alle Inhaber oberster Gesetzgebungs- und Regierungsgewalt aus Wahlen des Volkes oder Wahlen oder sonstigen Bestimmungsbefugnissen volksgewählter Staatsorgane hervorgehen läßt, praktisch nicht wirksam werden kann, wenn sich nicht frei aus der Gesellschaft irgendwelche Gruppen bilden, die ihre Angehörigen als Bewerber um die verschiedenen Wahlämter,

---

12) Vgl. hierzu Carl Schmitt, Verfassungslehre § 17, S. 226 ff., 228 ff.
13) Vgl. R. Thoma, a. a. O., S. 188/90.
14) Vgl. etwa R. Thoma, a. a. O., S. 190.
15) Vgl. Carl Schmitt, a. a. O., S. 224/25.

z. B. um die Aemter der Parlamentsmitglieder, Präsidenten und Minister, präsentieren, so ist jeder demokratische Staat insofern notwendig und planmäßig „Parteienstaat", d. h. ein Staat, in dem politische Parteien bestehen und sich betätigen. Notwendig und selbstverständlich muß ferner in jedem demokratischen Staat bei der Wahl von Volksvertretern und Staatsoberhäuptern ebenso wie bei Wahlen oder Abstimmungen in der Volksvertretung oder bei Abstimmungen des Volkes selbst, allemal die Entscheidung der Mehrheit für die Minderheit bindend sein[16]).

Das deutsche Volk wird bei der Neugestaltung seines staatlichen Lebens entsprechend dem Verlangen der Siegermächte den vorstehend entwickelten, für jedes demokratische Staatswesen charakteristischen Rechtsgrundsätzen Rechnung zu tragen haben. In die neue deutsche Reichsverfassung sind demgemäß ebenso wie seinerzeit in die Weimarer Reichsverfassung Bestimmungen aufzunehmen, welche die „Gleichheit" aller deutschen Staatsbürger in dem oben näher umschriebenen Sinne, den Aufbau aller Herrschaftsgewalt auf der Grundlage des gleichen Wahl-, evtl. Stimmrechts und die befristete Einsetzung oder Abberufbarkeit der Obrigkeit sowohl für das Reich als auch für die Länder einheitlich gewährleisten.

Der neue deutsche Staat wird, wie ehedem der Weimarer Staat, ein „Parteienstaat" sein, und zwar nicht lediglich ein Parteienstaat in dem oben dargelegten allgemeinen Sinne, d. h. ein Staat, in dem politische Parteien bestehen und sich betätigen, sondern ein Parteienstaat in dem heute damit verbundenen besonderen Sinne, nämlich ein Staat, in dem die Parteien herrschen, genauer gesagt, ein Staat, in dem die stärkeren Parteien über die schwächeren herrschen.

Um das Wesen des modernen demokratischen Parteienstaats zu erfassen, ist der demokratische Staat zunächst vom ideologischen und sodann vom soziologischen Standpunkt aus zu betrachten.

Ideologisch gesehen beruht der demokratische Staat auf dem Gedanken der Souveränität des Volkes, der Identität von Regierten und Regierenden. Dabei wird das Volk als eine Summe freier und gleicher Einzelmenschen gedacht, die Mehrheiten und Minderheiten, in denen der Volkswille sich äußert, als nachträglich gezogene Summen zufällig gleicher Einzelstimmen. Jede Wahlstimme erscheint als das Ergebnis eines freien, eigensten Entschlusses. Auch jeder gewählte Abgeordnete schöpft seine Abstimmung aus freiem, eigenstem Entschluß, nur seinem Gewissen unterworfen und durch Aufträge nicht gebunden. Die Entscheidung bei der Wahl wie im

16) Vgl. R. Thoma, a. a. O., S. 190.

Parlament ist das Ergebnis der Diskussion, bei der die stimmberechtigten Bürger sich in Rede und Gegenrede überzeugen. Man hat daher die Demokratie auch die „Regierung durch Diskussion" genannt[17]). Die Grundlage dieser Auffassung ist die liberale Lehre vom freien Spiel der Kräfte: Wie sich aus der freien Konkurrenz der gerechte Preis ergibt, so aus dem freien Meinungskampf die Wahrheit, und wie die Bildung des gerechten Preises durch kollektive Preisübereinkünfte, z. B. Kartelle gestört wird, so wird die Durchsetzung der Wahrheit durch kollektive Meinungsübereinkünfte, nämlich durch Parteien, gestört. Aus solchen liberalen Erwägungen lehnt auch Rousseau[18]) die Existenz von Parteien im demokratischen Staat ab, weil sie eine Verfälschung des „allgemeinen Willens" bedeuteten[19]).

Bei soziologischer Betrachtung des modernen demokratischen Staates bietet sich jedoch ein durchaus abweichendes, entgegengesetztes Bild. Da besteht das souveräne Volk nicht aus lauter freien und gleichen Einzelmenschen, sondern aus Gruppen von ungleicher Größe, aus Parteien. Da ist die Volkssouveränität nicht die Herrschaft aller über alle, sondern die Herrschaft der stärkeren über die schwächeren Parteien, gemildert durch die Rückwirkung der schwächeren auf die stärkeren Parteien. „Mehrheiten und Minderheiten sind nicht nachträgliche Summierungen freier und gleicher Einzelstimmen, sondern vorbestimmter Ausdruck des größeren oder geringeren Einflusses jener Parteien. Die Wähler sind nicht frei, nicht Einzelpersönlichkeiten, sondern Parteimitglieder oder Parteimitläufer, nicht gleich, sondern von weitestgehender, soziologischer Ungleichheit, in mannigfachen Graden beeinflußfähig oder beeinflußbar als Führer oder Geführte. Der Abgeordnete ist keineswegs nur seinem Gewissen unterworfen und durch Aufträge nicht gebunden, sondern nur ein mehr oder weniger unselbständiges Exemplar einer Fraktion, einer Partei. Der Parteienstaat bedeutet ‚Regierung durch Diskussion' nur noch in beschränktem Maße. Die Meinungsbildung durch Diskussion findet nur innerhalb der Parteien statt, der Kampf zwischen den Parteien ist kein Meinungskampf, sondern ein Machtkampf. Das gilt für den Wahlkampf wie für Parlamentsverhandlungen. Wir beobachten mit fortschreitender Entwicklung des Parteienstaates im Wahlkampfe die Zurückdrängung der Wählerversammlung mit Diskussion hinter Kundgebungen der Parteien ohne Diskussion oder

17) Vgl. Radbruch im Hdb. d. StR. Bd. I § 25, S. 286.

18) Vgl. Contrat social, livre II, chapitre 3.

19) Vgl. Carl Schmitt, Die geistesgeschichtliche Lage des heutigen Parlamentarismus, 2 Aufl. 1926 u. Radbruch, a. a. O., S. 286.

doch hinter Wählerversammlungen, in denen man den Gegner mehr oder weniger gewaltsam zum Schweigen bringt. Die parlamentarische Diskussion aber ist in Wahrheit nur noch ein Machtkampf in der Form einer Scheindiskussion. Der Gegner soll nicht überzeugt, sondern gezwungen oder vernichtet werden. Es soll dem Gegner gegenüber eine Barriére von Argumenten und Tatsachen errichtet werden, über die er sich nicht hinwegsetzen kann, ohne Schaden vor der öffentlichen Meinung zu nehmen"[20][21]).

Im Weimarer Parteienstaat war für das Reich durch Art. 54 RV, für die Länder durch Art. 17 RV, das sog. „parlamentarische Regierungssystem" eingeführt. Es handelt sich dabei um ein System, wonach eine Parlamentsmehrheit das gesamte Ministerium und jeden einzelnen Minister auf Grund eines Mißtrauensvotums jederzeit abberufen und den Reichspräsidenten mittelbar zur Ernennung eines der Mehrheit genehmen Ministeriums zwingen, in den Ländern ein solches Ministerium geradezu wählen konnte[22]). Die Uebernahme des parlamentarischen Regierungssystems in die neue Reichsverfassung und die neuen Landesverfassungen dürfte dem deutschen Volk von den Siegermächten, soviel bekannt ist, zwar nicht zur Pflicht gemacht sein. Das deutsche Volk dürfte hinsichtlich der Wahl des im neuen demokratischen Staat einzuführenden Regierungssystems vielmehr freie Hand haben. Nach der Stellungnahme der maßgebenden politischen Parteien sowohl in Parteiversammlungen als auch in der Tagespresse darf die Wiedereinführung des parlamentarischen Regierungssystems im Reich und in den Ländern aber als sicher gelten[23])[24]). Das Deutsche Reich ebenso wie die deutschen Länder werden danach, wie wohl unbedenklich festgestellt werden kann, in ihrer neuen Gestalt demokratische Parteienstaaten mit parlamentarischem Regierungsystem sein. In den inzwischen in einer Anzahl von Ländern erlassenen Verfassungen, so in den Verfassungen von Bayern, Württemberg-Baden, Hessen, Rheinland-Pfalz, Württemberg-Hohenzollern, Baden und Bremen,

20) Vgl. Radbruch, a. a. O., S. 286/87.

21) Der demokratische Parteienstaat ist, wie Leibholz, Das Wesen der Repräsentation (1929), S. 118 ff. überzeugend nachgewiesen hat, keine repräsentative Demokratie, sondern eine Erscheinungsform der unmittelbaren Demokratie.

22) Vgl. hierzu R. Thoma, a. a. O., S. 195/96. Näheres über das Wesen des parlamentarischen Regierungssystems im § 4 I, 1 dieser Abhandlung.

23) Vgl. hierzu etwa den Aufruf der SPD zur Wahl für die Verfassungsberatende Großhessische Landesversammlung in der Gießener Freien Presse vom 27. Juni 1946 Nr. 65, S. 4.

24) Wegen des für die Länder empfohlenen sogen. schweizerischen Regierungssystems vgl. § 6 I, 1 dieser Abhandlung.

ist das parlamentarische Regierungssystem denn auch durchweg festgelegt worden[25]).

Gegen die Uebernahme des demokratisch-parlamentarischen Regierungssystems in den neuen deutschen Staat hat sich aus dem Kreise der deutschen Staatsrechtstheoretiker namentlich der bekannte Staatsrechtslehrer, Prof. Dr. Heinrich Herrfahrdt, ausgesprochen. Herrfahrdt[26]) möchte den neuen deutschen Staat statt auf der Grundlage des demokratisch-parlamentarischen Systems auf der Grundlage des berufsständischen Systems aufgebaut wissen:

> „Für die westeuropäischen Völker und Amerika liege es nahe, ihre eigene demokratisch-parlamentarische Regierungsform als die richtige Form der Staatlichkeit schlechthin anzusehen und jede Abweichung für eine Gefährdung des Weltfriedens zu halten. Aber auch bei uns selbst sei in der öffentlichen Meinung die Frage, wie weit sich die politischen Formen des Westens auf uns übertragen ließen, trotz der Erfahrungen nach dem ersten Weltkrieg viel zu wenig geklärt. Meist werde nur der äußerliche Unterschied in der Parteigruppierung beachtet: Zweiparteiensystem in England und Amerika, Parteizersplitterung in Deutschland. Entscheidend sei aber der Unterschied im Charakter und in der inneren Haltung der Parteien. Während bei den angelsächsischen Völkern die Parteien gleichzeitig, schon in einer Periode, die durch aristokratische Kampfmittel ausgezeichnet gewesen sei, gelernt hätten, sich für das Wohl des Staats- und Volksganzen verantwortlich zu fühlen, sei diese Aufgabe in Deutschland bis zum Ende des ersten Weltkrieges von den Monarchen und ihrem Beamtentum wahrgenommen worden. Die Parteien hätten demgegenüber dazu geneigt, Sonderinteressen bestimmter Volkskreise zu vertreten. Die Forderung, daß die Abgeordneten Vertreter des ganzen Volkes sein sollten, hätten bei uns nur auf dem Papier gestanden. An diesem Zustand habe sich auch nach Einführung demokratischer Verfassungen nicht Wesentliches geändert. Auch soweit die Parteien selbst sich bemüht hätten, dem Ganzen zu dienen, seien sie im Volksbewußtsein nicht in diesem Sinne empfunden worden. Zu einer gegenseitigen Anerkennung der Parteien in dem Sinne, daß jede Partei der anderen, soweit diese die Mehrheit erlange, Macht und Verantwortung zugestehe, habe es deshalb bei uns nicht kommen können. In höherem Maße als den Parteien sei es den beiden Reichspräsidenten gelungen, sich das Ansehen, Vertreter des ganzen Volkes zu sein, zu erwerben. Die auf die Autorität des Reichspräsidenten gestützten ‚Minderheitskabinette' hätten einen stärkeren Rückhalt im Volke gehabt als die aus Parteikoalitionen hervorgegangenen Mehrheitskabinette. Ihren Höhepunkt hätte diese Entwicklung im Kabinett Brüning erreicht. Entsprechendes hätte man in der Verwaltung zahlreicher

---

25) Vgl. hierzu § 6 I, 1 dieser Abhandlung. Dortselbst auch Näheres über das Regierungssystem der neuen Verfassung Bayerns.

Die Verfassungen der oben angeführten Länder sind abgedruckt bei Bodo Dennewitz, Die Verfassungen der modernen Staaten, Bd. II, Hansischer Gildenverlag, Hamburg 1948.

26) Vgl. die neue Gemeindeordnung (für Großhessen) in der Monatszeitschrift „Der Wirtschaftskurier" Nr. 1, April 1946.

Gemeinden und Kreise beobachten können, wo sich Bürgermeister und Landräte bemühten, durch sachliche Leistung sich das Vertrauen aller Glieder der Bevölkerung zu erwerben, also die Tradition des monarchischen Beamtenstaats im besten Sinne fortzusetzen.

Die Frage sei nun, ob wir an dieser Entwicklung wieder anknüpfen sollten oder ob wir zu einer von politischen Parteien im angelsächsischen Sinne getragenen Staatsordnung gelangen könnten. Vom Ausland her gesehen erschienen die deutschen Verhältnisse einfach rückständig: Das deutsche Volk habe noch keine Uebung und Erfahrung in Demokratie, weil es zu lange durch Monarchie und Beamtentum von der Selbstbestimmung ferngehalten worden sei. Tatsächlich seien wir aber in Deutschland im 19. Jahrhundert, wenn wir auch nicht zu einem Parlamentarismus im westeuropäischen Sinne gelangt seien, doch nicht beim Obrigkeitsstaat der absoluten Monarchie stehengeblieben, sondern hätten eine Entwicklung vom Obrigkeitsstaat zum Volksstaat zu verzeichnen, allerdings anders als in Westeuropa, nicht in der Weise, daß an die Stelle des von dem Monarchen repräsentierten Staatswillens der nach Majorität ermittelte Volkswille getreten sei, sondern daß die einzelnen Gruppen und Glieder des Volkes, zunächst, beim Freiherrn vom Stein, die Gemeinden, später in der Bismarck-Zeit vor allem die wirtschaftlichen und sozialen Gruppen, teils durch Selbstverwaltung ihrer eigenen Angelegenheiten, teils durch beratenden Einfluß auf die Regierung, am Staatsleben beteiligt worden seien. Während die westeuropäischen Demokratien auf dem ‚Volkswillen' als ideal einheitlich vorgestelltem, dem Wohl des Volksganzen zustrebenden Willen aufgebaut seien, sei der deutsche Volksstaat ein Organismus aus Haupt und Gliedern. Nachdem sich einmal die Entwicklung in diesem Sinne vollzogen habe und in die deutschen Parteien durch die gleichzeitige Entstehung der modernen wirtschaftlichen und sozialen Verbände die Tendenz zur Vertretung bestimmter Volksgruppen hineingenommen sei, frage es sich, ob wir nachträglich überhaupt noch zu einem Parteienwesen nach Art des angelsächsischen, das unter ganz andersartigen geschichtlich-soziologischen Voraussetzungen entstanden sei, gelangen könnten. Ein Vergleich der parlamentarischen Entwicklung in verschiedenen Ländern zeige jedenfalls, daß wir einen gesunden Parlamentarismus, der sich auch neuen geschichtlichen Situationen anpassen könne, nur bei den Völkern fänden, die bereits in der ersten Hälfte des 19. Jahrhunderts zu einem auf Verantwortung für das Ganze gerichteten Parteiwesen gelangt seien. Wo aber, wie in den meisten osteuropäischen Ländern, parlamentarische Regierung erst im späten 19. oder im 20. Jahrhundert eingeführt worden sei, zeige sie Fehler, die nicht bloß als Kinderkrankheiten und Symptome mangelnder Erfahrung anzusehen seien. Werde das Mehrheitsprinzip benutzt, um einseitig die Interessen eines Volksteiles auf Kosten des anderen durchzusetzen, so verliere die Regierung das Ansehen einer dem Wohle des Ganzen dienenden Staatsgewalt und fordere die Unterdrückten zur Anwendung außerparlamentarischer Kampfmittel heraus. So führe die versagende Demokratie zum Chaos, in dem die Rettung nur noch in einer Diktatur gesehen werde."

Nach der Ansicht Herrfahrdts entspricht den deutschen Verhältnissen am besten eine Staatsgewalt, die sich nicht bloß auf eine

Mehrheit des Volkes, sondern auf das gemeinsame Vertrauen aller wesentlichen wirtschaftlichen, sozialen und kulturellen Gruppen, also auf die einzelnen Berufsstände stützt[27]).

Die vorstehenden, von Herrfahrdt gegen die Uebernahme der demokratisch-parlamentarischen Regierungsform in den neuen deutschen Staat vorgebrachten Gründe verdienen gewiß ernste Beachtung und sind mit Rücksicht hierauf im vorigen ausführlich wiedergegeben worden. Gleichwohl soll bei der nun folgenden Erörterung der staatsrechtlichen und politischen Stellung des Berufsbeamtentums im neuen deutschen Staat von der Wiedereinführung des demokratisch-parlamentarischen Regierungssystems im Reich und in den Ländern ausgegangen werden, da bei den derzeitigen politischen Strömungen und Kräfteverhältnissen eine Ersetzung des vorgenannten Systems durch das von Herrfahrdt empfohlene berufsständische System nicht in Frage kommen dürfte.

Bevor wir in die Untersuchung der Frage nach der Gestaltung der staatsrechtlichen und politischen Stellung des Berufsbeamtentums im neuen deutschen demokratisch-parlamentarischen Staat eintreten, sind zunächst Begriff und Wesen des deutschen Berufsbeamtentums festzulegen, auch ist klarzustellen, ob das Berufsbeamtentum als Rechtseinrichtung im neuen deutschen Staat beizubehalten ist.

27) Vgl. Herrfahrdt, Problem der berufsständischen Vertretung (1921); Kabinettsbildung (1927); Staat des 20. Jahrhunderts (1931); Aufbau des neuen Staates (1932).

Etwa zu gleicher Zeit wie Herrfahrdt hat sich jedoch Max Weber (vgl. Politische Schriften, München 1921, S. 284) energisch gegen eine Verfassung auf berufsständischer Grundlage ausgesprochen. In diesem Zusammenhang sei auch der mißlungene Versuch Bismarcks, ein Wirtschaftsparlament auf berufsständischer Grundlage zu schaffen, erwähnt (vgl. Verordnung betr. die Errichtung eines Volkswirtschaftsrats vom 17. 11. 1880, PreußGS, S. 367).

§ 2

Begriff und Wesen des deutschen Berufsbeamtentums

Um Begriff und Wesen des deutschen Berufsbeamtentums zu erfassen, sind zunächst Begriff und Wesen des deutschen Beamten klarzustellen. Dabei soll von dem im positiven deutschen Recht niedergelegten Begriff des Beamten ausgegangen werden.

I. Der Rechtsbegriff des deutschen Beamten.

Das deutsche Recht ist bis zum heutigen Tage nicht zur Schaffung eines einheitlichen Begriffes des öffentlichen Beamten gelangt. Das deutsche Recht hat vielmehr einen dreifachen Beamtenbegriff entwickelt. Man unterscheidet:

1. Beamte im staatsrechtlichen Sinne, d. h. Personen, die Beamte im Sinne der allgemeinen Beamten-, Besoldungs und Dienststrafgesetze sind;
2. Beamte im strafrechtlichen Sinne, d. h. Personen, die Beamte im Sinne des Strafrechts sind, und
3. Beamte im staatshaftungsrechtlichen Sinne, d. h. Personen, die Beamte im Sinne des Staatshaftungsrechts, insbesondere des § 839 BGB und des Art. 131 RV sind.

An dieser Dreiteilung des Beamtenbegriffs ist auch durch das von der nationalsozialistischen Regierung geschaffene grundlegende Gesetzgebungswerk auf dem Gebiete des Beamtenrechts, das Beamtenrechtsänderungsgesetz vom 30. Juni 1933 (BRAendG) und das Deutsche Beamtengesetz vom 26. Jan. 1937 (DBG), nichts geändert worden. Auch diese beiden Gesetze halten an der bisherigen Dreiteilung des Beamtenbegriffs fest und regeln lediglich die rechtliche Stellung des Beamten im staatsrechtlichen Sinne.

Für die Bestimmung des Rechtsbegriffs des deutschen Beamten als Angehörigen des deutschen Berufsbeamtentums ist ausschließlich der in Deutschland heute geltende staatsrechtliche Beamtenbegriff maßgebend. Beamter ist danach, wer zum Staat (Reich oder Land) sowie möglicherweise noch zu einer anderen mit öffentlicher Dienstherrnfähigkeit ausgestatteten juristischen Person des öffentlichen Rechts (Körperschaft, Anstalt oder Stiftung) in einem öffentlichrechtlichen Dienst- und Treuverhältnis steht, das auf die Verwaltung eines Amtes gerichtet ist. Die vorstehende Begriffsbestimmung ergibt sich einmal aus § 1 Abs. 1 in Verb. mit § 2 Abs. 1 bis 3 DBG und deckt sich überdies auch mit der Begriffsbestimmung des Beamten im staatsrechtlichen Sinne, welche die Wissenschaft des deutschen Staats- und Beamtenrechts seit langem entwickelt hat[1]).

Nach dem Deutschen Beamtengesetz[2]) ebenso wie schon nach dem Beamtenrechtsänderungsgesetz[3]) muß zu dem Bestehen des vorgenannten öffentlichrechtlichen Dienst- und Treueverhältnisses in formeller Hinsicht noch die Aushändigung einer Urkunde an den Bediensteten hinzukommen, in der die Worte „unter Berufung in das Beamtenverhältnis" enthalten sind.

1. Das öffentlichrechtliche Dienst- und Treueverhältnis des Beamten.

Für den Rechtsbegriff des deutschen Beamten ist nach der vorstehenden Begriffsbestimmung zunächst wesentlich das Dienst- und Treueverhältnis öffentlichrechtlicher Art, in dem der Beamte zu seinem Dienstherrn steht. Das Dienst- und Treueverhältnis des Beamten ist ein sog. „besonderes Gewaltverhältnis". Der öffentliche Dienstherr tritt im Rahmen dieses Rechtsverhältnisses dem Beamten nicht auf dem Fuße rechtlicher Gleichordnung, sondern als übergeordnete Hoheitsperson, als Träger öffentlicher Gewalt, gegenüber.

Kennzeichnend für die öffentlichrechtliche Natur des zwischen dem Beamten und seinem Dienstherrn bestehenden Dienst- und Treueverhältnisses ist einmal die Art der Begründung dieses Rechtsverhältnisses: das Dienst- und Treueverhältnis des Beamten wird nicht durch Vertrag, sondern durch Staatshoheitsakt, richtiger Ansicht nach durch zustimmungsbedürftigen Verwaltungsakt, ins Leben gerufen.

Kennzeichnend für die öffentlichrechtliche Natur des hier in Rede stehenden Dienst- und Treueverhältnisses ist ferner, daß dessen Inhalt im einzelnen durch Verwaltungsakte, Verfügungen, des öffentlichen Dienstherrn bestimmt wird. Der Beamte untersteht kraft seines öffentlichrechtlichen Dienst- und Treueverhältnisses der dienstlichen Befehlsgewalt und der

---

1) Vgl. hierzu etwa Meyer-Anschütz, Dt. Staatsrecht, 7. Aufl. § 143, S. 570 ff.; Brand, Das Beamtenrecht, 3. Aufl. § 4, S. 15 ff.; Nischk, Das Kommunalbeamtenrecht (1929) § 5, S. 12; doch lassen diese Schriftsteller den zur Abgrenzung des Beamtenverhältnisses von anderen öffentlichrechtlichen Dienstverhältnissen erforderlichen klaren Hinweis darauf vermissen, daß das öffentlichrechtliche Dienst- und Treueverhältnis des Beamten stets auf die Verwaltung eines Amtes gerichtet sein muß.

2) Vgl. § 27 Abs. 1.

3) Vgl. § 3 Nr. 1, § 6.

Dienststrafgewalt seines Dienstherrn. In Ausübung dieser dienstlichen Befehlsgewalt und Dienststrafgewalt kann der öffentliche Dienstherr dem Beamten gegenüber eine Vielzahl von Verwaltungsakten vornehmen: Hierher gehören z. B. sämtliche Dienstbefehle, die der Dienstherr dem Beamten hinsichtlich seines dienstlichen und außerdienstlichen Verhaltens erteilt, ferner die Einstufung des Beamten in eine bestimmte Gruppe der Besoldungsordnung, die Festsetzung des Besoldungsdienstalters des Beamten, die wegen eines dienstlichen Bedürfnisses erfolgende Versetzung des Beamten in ein anderes Amt, die Versetzung in den Wartestand oder Ruhestand, die Entlassung und die Verhängung einer Dienststrafe über einen ungehorsamen Beamten. Für alle diese Anordnungen des öffentlichen Dienstherrn gilt in ihrer Eigenschaft als Verwaltungsakte die Vermutung der Rechtmäßigkeit und Gültigkeit. Auch sind sie grundsätzlich der Nachprüfung durch die Gerichte entzogen. So können nach der ständigen Rechtsprechung des Reichsgerichts die Feststellung von Inhalt und Bedeutung des einem Beamten übertragenen Amtes sowie der Art und des Umfanges der dem Beamten auferlegten Dienstverpflichtungen ebensowenig gerichtlich nachgeprüft werden, wie die Anordnungen der Anstellungsbehörde über die Gestaltung des inneren Dienstverhältnisses und die Einstufung eines Beamten in eine bestimmte Gruppe der Besoldungsordnung[4]).

Kennzeichnend für die öffentlichrechtliche Natur des Dienst- und Treuverhältnisses des Beamten ist endlich die dem Beamten seinem Dienstherrn gegenüber obliegende gesteigerte Treuepflicht. Der Beamte hat nicht nur wie jeder private Arbeitnehmer den Vorteil seines Dienstherrn wahrzunehmen und Schaden und Nachteile, soweit an ihm ist, von demselben abzuwenden. Der Beamte muß darüber hinaus für seinen Dienstherrn nötigenfalls sogar sein Leben aufopfern. Das gilt allgemein beispielsweise für Polizei- und Feuerwehrbeamte, in Ausnahmefällen, nämlich bei Bedrohung der Existenz des Dienstherrn durch kriegerische Ereignisse und revolutionäre Umtriebe, jedoch auch für Beamte jeder anderen Art, etwa für Bürobeamte. Des weiteren ist die Treuepflicht des Beamten gegenüber seinem Dienstherrn unlöslich. Sie setzt sich über den Bestand des Beamtenverhältnisses hinaus fort, solange der Beamte lebt[5]).

Das Dienst- und Treueverhältnis des Beamten ist ein durchaus personenrechtliches Verhältnis. Es erfaßt die

---

[4]) Vgl. hierzu die interessante Entsch. des RG v. 1. 11. 1929 in RGZ 126, 147 ff. = JW 1930, S. 1191 ff. Nr. 8 u. die dort angeführten Entsch. des RG.

[5]) Vgl. § 3 Abs. 1 Satz 4 DBG.

ganze Persönlichkeit des Beamten. Es erstreckt sich nicht nur auf den dienstlichen Aufgabenkreis, sondern auch auf die private Lebenssphäre des Beamten: Der Beamte ist zu achtungswürdigem Verhalten nicht nur in, sondern auch außer seinem Amte verpflichtet[6]).

2. Das öffentlichrechtliche Dienst- und Treueverhältnis des Beamten muß auf die Verwaltung eines Amtes „gerichtet" sein.

Für den Rechtsbegriff des deutschen Beamten ist weiter wesentlich, daß das für den Bediensteten begründete öffentlichrechtliche Dienst- und Treueverhältnis auf die Verwaltung eines Amtes „gerichtet" ist.

Die Beamteneigenschaft im staatsrechtlichen Sinne setzt nicht die Innehabung oder die tatsächliche Verwaltung eines Amtes voraus, obwohl die Innehabung und Verwaltung eines Amtes beim Beamten im staatsrechtlichen Sinne praktisch die Regel ist. Es gibt auch Beamte ohne Amt, nämlich Beamte, die noch kein Amt und Beamte, die kein Amt mehr zu verwalten haben. Zu der ersten Gruppe gehören die Beamten im Vorbereitungsdienst, etwa die Gerichtsreferendare, die Anwärter für den mittleren sowie gehobenen Justiz- und Verwaltungsdienst sowie die Studienreferendare im höheren Schuldienst. Die zweite Gruppe umfaßt die in den Wartestand versetzten Beamten. Wesentliches Merkmal der Beamteneigenschaft im staatsrechtlichen Sinne ist jedoch, daß das öffentlichrechtliche Dienst- und Treueverhältnis auf die Verwaltung eines Amtes „gerichtet" ist, daß der Bedienstete, wenn auch nicht z. Zt., so doch später einmal auf Grund seines öffentlichrechtlichen Dienst- und Treueverhältnisses ein Amt zu verwalten hat. Ein öffentlichrechtliches Dienst- und Treueverhältnis, das nicht zum Zwecke der Verwaltung eines „Amtes" durch den Bediensteten begründet ist, ist kein Beamtenverhältnis im staatsrechtlichen Sinne. Mit Rücksicht hierauf fehlte die Eigenschaft von Beamten im staatsrechtlichen Sinne z. B. den Offizieren und Soldaten der deutschen Wehrmacht. Daß das öffentlichrechtliche Dienst- und Treueverhältnis des Beamten auf die Verwaltung eines Amtes gerichtet sein müsse, ist zwar im positiven Recht nicht ausdrücklich bestimmt. Es folgt dies aber aus der geschichtlichen Entwicklung des staatsrechtlichen Beamtenbegriffs und ist im Interesse einer Abgrenzung des Beamtenverhältnisses von öffentlichrechtlichen Dienst- und Treueverhältnissen anderer Art unerläßlich.

---

6) Vgl. § 10 RBG; § 3 Abs. 3 Satz 2 DBG.

Das Amt, auf dessen Verwaltung das öffentlichrechtliche Dienst- und Treueverhältnis des Beamten gerichtet sein muß, hat nach § 148 DBG ebenso wie bereits nach den §§ 1, 2 BRAendG grundsätzlich „obrigkeitliche Aufgaben" zu umfassen. Von diesem Erfordernis kann nur abgesehen werden, wenn das betr. Amt aus Gründen der Staatssicherheit nicht von Angestellten oder Arbeitern versehen werden darf.

Im Schrifttum wird gelegentlich die Auffassung vertreten, daß auch die Unterordnung unter einen Dienstvorgesetzten ein wesentliches Merkmal des deutschen Beamtenbegriffes sei[7]. Wer zu einer juristischen Person des öffentlichen Rechts in einem öffentlichrechtlichen Dienst- und Treueverhältnis stehe, bei der Verwaltung des ihm übertragenen Amtes aber keinem Dienstvorgesetzten unterstellt sei, sei kein Beamter im staatsrechtlichen Sinne, sondern ein öffentlicher Bediensteter eigener Art. Danach würde beispielsweise der Leiter einer Gemeinde, der Oberbürgermeister oder Bürgermeister, da er keinen Dienstvorgesetzten hat, nicht Beamter im staatsrechtlichen Sinne sein. Dieser Standpunkt ist jedoch als mit dem geltenden deutschen Beamtenrecht unvereinbar abzulehnen. Die Unterordnung unter einen Dienstvorgesetzten ist zwar ein regelmäßiges, aber kein wesentliches Merkmal des deutschen Beamtenbegriffs. Daß ein öffentlicher Bediensteter ausnahmsweise auch ohne Unterordnung unter einen Dienstvorgesetzten Beamter im staatsrechtlichen Sinne sein kann, ergibt sich eindeutig aus § 151 Abs. 2 DBG, wonach in solchen Fällen, in denen ein Beamter keinen Dienstvorgesetzten hat, die oberste Aufsichtsbehörde bestimmt, wer die nach dem vorgenannten Gesetz dem Dienstvorgesetzten übertragenen Zuständigkeiten wahrnimmt[8].

II. Der deutsche Beamte als Träger eines Staatsorgans und als Repräsentant der Staatsidee.

Mit Hilfe des im vorigen entwickelten Rechtsbegriffs des Beamten allein läßt sich das Wesen des deutschen Beamten nicht hinreichend erklären. Das Wesen des deutschen Beamten erschöpft sich nicht in dem auf die Verwaltung eines Amtes gerichteten öffentlichrechtlichen Dienst- und Treueverhältnis, das zwischen dem Beamten und seinem öffentlichen Dienstherrn besteht. Charakteristisch ist für das Wesen des deutschen Beamten weiter seine Eigenschaft als „Träger eines Staatsorgans" und als „Repräsentant der Staatsidee".

---

7) Vgl. etwa Köttgen im Hdb. Dt. StR. Bd. II § 61, S. 5.

8) Vgl. Heyland, Dt. Beamtenrecht, § 5 Ziff. 3b, S. 23.

1. Der Beamte als Träger eines Staatsorgans.

Der Staat ist rechtlich betrachtet eine juristische Person des öffentlichen Rechts. In dem Staat ist in dieser Eigenschaft im Anschluß an die Lehre von Otto von Gierke[9]) und Hugo Preuß[10]) eine „reale Verbandspersönlichkeit" zu erblicken. Der Staat weist danach als juristische Person so gut wie der Einzelmensch ein reales Substrat auf. Während bei der natürlichen Person Rechtsträger der physische Organismus ist, bildet bei dem Staat als juristischer Person den Rechtsträger ein „sozialer Rechtsorganismus". Der Staat stellt sich als eine mit Rechtssubjektivität begabte, zuammengesetzte Person, eine „Gesamtperson" dar. Ihre Bestandteile sind selbst Personen, und zwar Einzel- sowie Verbandspersonen, die durch ihre Eingliederung in den Organismus der Gesamtperson jedoch ihrer eigenen Individualität, d. h. ihrer Rechtssubjektivität, nicht verlustig gehen. Als sozialer Rechtsorganismus ist der Staat ebenso wie der physische Organismus nicht nur rechts-, sondern auch handlungsfähig; „er ist kein totes Begriffsding, das der Vertretung durch andere Menschen bedarf, sondern ein lebendiges Wesen, das als solches will und handelt". Freilich vermag der Staat in seiner nicht sinnlichen Einheit seinen Willen nur durch natürliche Personen, durch Menschen, die innerhalb abstrakter organisatorischer Einrichtungen des Staates, der „Staatsorgane", als „Organträger" wirksam werden[11]), zu bilden und zu betätigen. In den Lebensaktionen dieser Organträger kommt der Staat gleich unmittelbar zur Erscheinung, wie die Einzelperson in der Rede des Mundes oder der Bewegung der Hand.

Der Träger eines Staatsorgans ist Wesensbestandteil, Glied der Gesamtperson „Staat". Er steht innerhalb, nicht außerhalb der Gesamtperson „Staat". Der Organträger unterscheidet sich danach scharf vom Stellvertreter. „Bei der Stellvertretung handelt der Vertretene nicht selbst, sondern statt seiner handelt der Stellvertreter." Bei der Organschaft dagegen wird die Gesamtperson selber durch ihren Organträger tätig. Der Stellvertreter tritt dem Vertretenen als fremde Person gegenüber, während der Organträger als integrierender Bestandteil der Gesamtperson, ebenso wie die

---

[9]) Vgl. Deutsches Privatrecht Bd. I § 58, S. 456 ff. u. das dort in Anm. 30—35 angeführte Schrifttum, § 59, S. 469 ff.

[10]) Vgl. Schmollers Jahrbuch für Gesetzgebung usw. 26. Jahrg. 1902, 2. Heft, S. 103 ff. („Ueber Organpersönlichkeit").

[11]) Daß das „Organ" als abstrakte Einrichtung, als „Kompetenzkomplex", scharf von dem in dieser Einrichtung mit der Wahrnehmung der einzelnen Kompetenzen betrauten physischen Personen zu unterscheiden ist, betont mit Recht Hans J. Wolff, Organschaft und Juristische Person, Bd. II, Theorie der Vertretung, S. 228 ff. Nur empfiehlt sich, für diese physischen Personen die althergebrachte Bezeichnung „Organträger" statt der von Wolff vorgeschlagenen Bezeichnung „Organwalter" zu verwenden.

natürlichen Organe einer physischen Person, in die Erscheinung tritt[12]).

Zu den Trägern von Staatsorganen gehören auch die Beamten. Wie Arnold Köttgen[13]) überzeugend dargelegt hat, können nach der heute in Deutschland geltenden Rechtsauffassung obrigkeitliche (hoheitliche) Funktionen des Staates nicht „Stellvertretern", d. h. Privatpersonen, die außerhalb der Gesamtperson „Staat" stehen zur Ausübung überlassen werden. Daß ein staatlicher Hoheitsakt statt vom Staate selber von einem Stellvertreter, wenn auch im Namen und im Interesse des Staates vorgenommen wird, daß ein Stellvertreter im Rahmen seiner Vollmacht über eine dem Staate zustehende Hoheitsbefugnis verfügt, ist mit dem Wesen des modernen Staates unvereinbar. Angesichts der für den modernen Staat charakteristischen engen Bindung sämtlicher hoheitlichen Befugnisse an den Staat ist die Innehabung und Ausübung derartiger Befugnisse ausschließlich dem Staate selber vorbehalten. Der Staat kann danach seine hoheitlichen Befugnisse nur durch solche natürlichen Personen ausüben, die ihm als wesentliche Bestandteile, als Träger von ihm eingerichteter bestimmter Organe eingegliedert sind. Da die Beamten zu denjenigen Staatsbediensteten gehören, die, wie auch aus § 148 DBG folgt, grundsätzlich hoheitliche Funktionen des Staates wahrzunehmen haben, müssen sie notwendigerweise die Eigenschaft staatlicher Organträger besitzen. Wären die Beamten keine Organträger, sondern Stellvertreter des Staates, so würde nach den obigen Ausführungen der Staat nicht fähig sein, durch sie seine hoheitlichen Befugnisse auszuüben.

Die Richtigkeit der hier vertretenen Ansicht von der Eigenschaft der Beamten als staatlicher Organträger wird bestätigt durch den bekannten, aus dem Gerichtsgebrauch des Reichsgerichts hervorgegangenen Satz des Reichsgewohnheitsrechts, wonach ein Beamtenverhältnis im staatsrechtlichen Sinne — ohne Rücksicht auf den Willen des öffentlichen Dienstherrn und des Bediensteten — dadurch begründet wurde, daß der öffentliche Dienstherr dem Bediensteten obrigkeitliche Funktionen als dauernde Hauptbeschäftigung übertrug[14]). Der Entstehung dieses Reichs-

12) Vgl. Helfritz, Volk und Staat, 4. Aufl., S. 55/56; Preuß, a. a. O., S. 445/46; O. Gierke, Genossenschaftstheorie, S. 614 ff. u. Dt. Privatrecht, § 59, S. 472 sowie die dort in Anm. 16 angeführten Schriftsteller u. Entsch.

13) Vgl. das deutsche Berufsbeamtentum und die parlamentarische Demokratie (1928), S. 12 ff., insbes. S. 15/16.

14) Vgl. hierzu RG in RGZ 37, 225/235; 37, 241; RG in PrVerwBl. Bd. 28, 911; RGZ 89, 294; 99, 265; 112, 126; 125, 421; 132, 68; 134, 17 = JW 1932, 494 Nr. 21.

gewohnheitsrechtssatzes lag die oben entwickelte, dem Wesen des modernen Staates entsprechende Auffassung zugrunde, daß die Ausübung obrigkeitlicher Funktionen des Staates nicht durch private Bedienstete des Staates als dessen „Stellvertreter", sondern nur durch Beamte als „Träger staatlicher Organe" möglich sei. Der vorgenannte Satz des Reichsgewohnheitsrechts ist zwar durch die §§ 5, 6 BRAendG ebenso wie durch § 178 Abs. 2 DBG nicht nur für die Zukunft, sondern auch für die Vergangenheit außer Kraft gesetzt worden. Diese Außerkraftsetzung ist aber nicht um deswillen erfolgt, weil der Gesetzgeber die Ausübung obrigkeitlicher Funktionen des Staates auch durch private Arbeitnehmer als „Stellvertreter" des Staates für möglich und zulässig hielt. Für die Außerkraftsetzung des in Rede stehenden Satzes des Reichsgewohnheitsrechts waren vielmehr ausschließlich fiskalische Gründe und Gründe der Rechtssicherheit maßgebend: Der Satz des Reichsgewohnheitsrechts vom automatischen Erwerb der Beamteneigenschaft durch Uebertragung obrigkeitlicher Funktionen schloß für die öffentlichen Finanzen Gefahren in sich, da seit dem Ende des ersten Weltkrieges in ständig wachsendem Maße frühere Angestellte des Reiches, der Länder und der Gemeinden Anspruch auf Zahlung von Beamtengehalt und Versorgungsbezügen unter Berufung darauf erhoben, daß sie seinerzeit obrigkeitliche Funktionen als dauernde Hauptbeschäftigung übertragen erhalten hätten. Dieser Umstand und die Schwierigkeit einer klaren Umschreibung des Begriffes „Obrigkeitliche Funktionen", die sich bei der praktischen Anwendung des vorgenannten Rechtssatzes durch die Gerichte ergeben hatte, veranlaßten den Reichsminister des Innern, Anfang Januar 1933 dem Reichstag den Entwurf eines Gesetzes über die Begründung des Beamtenverhältnisses vorzulegen, der den Erwerb der Beamteneigenschaft von der Aushändigung einer Urkunde abhängig machte, in der die Worte „unter Berufung in das Beamtenverhältnis" enthalten sein mußten[15]). Dieselben Erwägungen, die für den Reichsminister des Innern bei der Vorlage seines vom damaligen Reichstag nicht mehr beratenen Entwurfs maßgebend waren, bestimmten dann den nationalsozialistischen Gesetzgeber zum Erlaß entsprechender Vorschriften über den Erwerb der Beamteneigenschaft durch Aushändigung einer Ernennungsurkunde und über die Beseitigung des reichsgewohnheitsrechtlichen Satzes betr. automatischen Erwerb der Beamteneigenschaft durch Uebertragung obrigkeitlicher Funktionen sowohl im Be-

---

15) Vgl. Reichstag VII. Wahlperiode 1932, Drucksache Nr. 278 v. 4. 1. 1933 und dazu Heyland, Dt. Beamtenrecht § 11 I 2, S. 53.

amtenrechtsänderungsgesetz[16]) als auch im deutschen Beamtengesetz[17])[18]).

Der Beamte ist nach alledem also zum Kreise der staatlichen Organträger zu zählen. Er ist als Träger eines staatlichen Organs wesentlicher Bestandteil, Glied der Gesamtperson „Staat" und „geht" als solcher, wie der Volksmund vom tüchtigen Beamten zu sagen pflegt, „im Staate auf".

Innerhalb des Kreises der staatlichen Organträger ist der Beamte regelmäßig in die Gruppe der mittelbaren, genauer gesagt der abhängigen Organträger, nämlich derjenigen Organträger einzuordnen, welche den Weisungen höherer Organe und der in ihnen tätigen Organträger unterworfen sind[19]). Eine Ausnahme hiervon findet hinsichtlich der richterlichen Beamten, der beamteten Hochschullehrer und der Leiter von Gemeinden und Gemeindeverbänden, der Oberbürgermeister und Bürgermeister statt. Die richterlichen Beamten sind, soweit sie rechtsprechende Tätigkeit ausüben, die beamteten Hochschullehrer, soweit sie Lehr- und Forschungstätigkeit ausüben[20]), und die Leiter von Gemeinden und Gemeindeverbänden, da sie keinem Dienstvorgesetzten unterstellt sind, schlechthin zur Gruppe der unabhängigen Organträger zu zählen[21]).

2. Der Beamte als Repräsentant der Staatsidee.

Der deutsche Beamte ist nicht nur staatlicher Organträger sondern auch Repräsentant der Staatsidee.

16) Vgl. §§ 3, 6 u. dazu Fischbach, BRAendG Anm. II zu § 3, S. 17.

17) Vgl. § 27 Abs. 1.

18) Die Aushändigung einer Ernennungs- (Anstellungs-) Urkunde hatte nach Reichsbeamtenrecht bis zum 2. 7. 1933, dem Tag des Inkrafttretens des § 3 Nr. 1 BRAendG., nach preußischem Staatsbeamtenrecht bis zum 1. 10. 1931, dem Tag des Inkrafttretens des § 1 Kap. VIII des Zweiten Teils der Preuß. Sparverordnung vom 12. 9. 1931 (GS. S. 179), nur deklaratorische Wirkung. Das Preuß. Kommunalbeamtengesetz vom 30. 7. 1899 schrieb die Aushändigung einer Anstellungsurkunde mit konstitutiver Wirkung zwar vor. Während das preußische OVG eine solche auch anerkannte, lehnte das RG die konstitutive Wirkung der Anstellungsurkunde auf Grund von § 1 Satz 2 des Kommunalbeamtengesetzes aber ab. Die Aushändigung einer Anstellungsurkunde wurde sodann später in verschiedenen Gesetzen, z. B. im § 18 des Preuß. Gewerbe- u. Handelslehrer-Besoldungsgesetzes vom 16. 4. 1928 (GS. S. 89), vorgeschrieben, hatte aber zweifellos keine konstitutive, sondern nur eine deklaratorische Wirkung. Alle diese in Preußen bestehenden Verschiedenheiten wurden durch die oben erwähnte Vorschrift der Preuß. Sparverordnung vom 12. 9. 1931 beseitigt, die auf Veranlassung des Preuß. Finanzministers eindeutig die konstitutive Wirkung der Aushändigung einer Anstellungsurkunde einführte. Dabei blieb es bis zum Inkrafttreten des BRAendG aber immer noch zweifelhaft, ob die Verordnung des Reichspräsidenten vom 5. 7. 1931 (RGBl. I, S. 279) für die in Rede stehende Vorschrift der Preuß. Sparverordnung eine ausreichende Rechtsgrundlage bot.

19) Vgl. hierzu Helfritz, Volk und Staat, 4. Aufl., S. 60.

20) Vgl. Art. 142 RV.

21) Vgl. auch Helfritz, a. a. O., S. 60.

Das Wesen der Repräsentation ist im Anschluß an Carl Schmitt[22]) und Gerhard Leibholz[23]) darin zu erblicken, daß ein nicht real gegenwärtiger, ideeller Wert durch eine physische Person oder eine Mehrheit von solchen Personen, den oder die Repräsentanten, anwesend und damit sichtbar gemacht wird. Der deutsche Beamte ist danach als Repräsentant innerhalb der staatlichen Organisation, und zwar als Träger der Staatsidee zu kennzeichnen. Er verkörpert bei seinem Wirken zum Wohle der „Gesamtheit"[24]), die über den Parteien stehende Staatsidee und die in ihr enthaltene Idee der Gerechtigkeit und Ordnung, der die Rechtspflege und Verwaltung des Staates in gleicher Weise zu dienen berufen sind[25]).

Die Eigenschaft des deutschen Beamten als Repräsentant der Staatsidee ergibt sich aus der geschichtlichen Entwicklung des deutschen Beamtentyps seit der Zeit des absoluten Staates. Bereits die deutsche Monarchie hatte einen „wertmäßig akzentuierten Beamtentyp" geschaffen, indem sie mit Hilfe des öffentlichrechtlichen Dienst- und Treueverhältnisses die gesamte Persönlichkeit des Beamten erfaßte, dieselbe fest an die Staatsidee band und den Beamten damit zu einer der wichtigsten Stützen ihres Staates machte. Der während des Zeitalters der deutschen Monarchie geformte, repräsentative Beamtentyp ist von der deutschen demokratischen Republik übernommen worden: die Vorschrift des Art. 130 Abs. 1 RV, wonach die Beamten Diener der Gesamtheit, nicht einer Partei sind, steht in unverkennbarem inneren Zusammenhang mit der Vorschrift des Art. 21 RV, welche die Abgeordneten des Reichstags als Vertreter des ganzen Volkes bezeichnet, sie nur ihrem Gewissen unterwirft und an Aufträge nicht für gebunden erklärt. In beiden Fällen bringt die Verfassung eindeutig zum Ausdruck, daß sie den betr. staatlichen Organträgern repräsentativen Charakter zuerkannt wissen will[26]).

Im Gegensatz zu dem hier vertretenen Standpunkt leugnen Carl Schmitt[27]) und Leibholz[28]) den repräsentativen Charakter des deutschen Beamten, weil ihm die für den Begriff des Repräsentanten wesentliche rechtliche Unabhängigkeit fehle. Ins-

---

22) Vgl. Verfassungslehre (1928), S. 208 ff.
23) Vgl. das Wesen der Repräsentation (1929), S. 26 ff.
24) Vgl. Art. 130 Abs. 1 RV.
25) Vgl. E. R. Huber, Die verfassungsrechtliche Stellung des Beamtentums in der Festschrift der Leipziger Juristenfakultät für Prof. Dr. Heinrich Siber (1941) Sonderdruck, S. 51.
26) Vgl. Köttgen im Hdb. Dt. StR. Bd. II § 61, S. 6/7 u. Berufsbeamtentum, S. 58 ff., 70 ff.
27) Vgl. Verfassungslehre, S. 212 ff.
28) Vgl. das Wesen der Repräsentation, S. 72 ff., S. 137/38.

besondere Carl Schmitt beruft sich dabei auf die Vorschrift des titre III Chap. IV Section II Art. 2 der französischen Verfassung von 1791, die dem Beamten ausdrücklich den repräsentativen Charakter aberkennt. Die Auffassung von Carl Schmitt und Leibholz ist aber nicht haltbar. Die Bezugnahme auf die vorerwähnte Vorschrift der französischen Verfassung von 1791 vermag nichts gegen den repräsentativen Charakter des deutschen Beamten zu beweisen. Das gilt um so mehr, als sich der Beamtentyp in Frankreich und in Deutschland in wesentlich verschiedener Richtung entwickelt hat. Der Umstand, daß die französische Rechtsordnung dem Beamten eine repräsentative Stellung versagt hat, schließt nicht aus, daß die deutsche Rechtsordnung dem Beamten eine solche Stellung eingeräumt hat[29]). Auch aus dem begrifflichen Wesen der Repräsentation läßt sich nicht der zwingende Schluß ziehen, daß der Repräsentant in jedem Falle rechtlich unabhängig sein müsse. Nach den scharfsinnigen Untersuchungen von Arnold Köttgen[30]) steht fest, daß zum begrifflichen Wesen des Repräsentanten lediglich dessen innere Unabhängigkeit, dessen „innere Selbständigkeit" gehört, die ihm eine unmittelbare Beziehung zu dem von ihm zu repräsentierenden ideellen Wert ermöglicht. Die rechtliche Abhängigkeit des Beamten schließt danach dessen repräsentativen Charakter nicht aus, sofern sich der Beamte nur die vorerwähnte „innere Selbständigkeit" und damit die auch in einer rechtlich gebundenen Lebensordnung mögliche innere Freiheit der Entscheidung hinsichtlich der für ihn maßgeblichen Wertvorstellungen bewahrt hat. Letzteres trifft aber für den deutschen Beamten im demokratisch-parlamentarischen Staate zu. Aus der rechtlichen Abhängigkeit, die für den Beamten gegenüber dem nach parteipolitischen Gesichtspunkten zusammengesetzten Kabinett besteht, ergibt sich nicht auch eine innere Abhängigkeit, eine geistige Unselbständigkeit des Beamten, die zum Verlust seiner Repräsentanteneigenschaft führen würde. Dadurch, daß die Weimarer Reichsverfassung in Art. 130 Abs. 1 den Beamten als „Diener der Gesamtheit" in betonten Gegensatz zur politischen Partei stellt, hat sie gerade eine solche innere Abhängigkeit ausschließen und die unmittelbare Beziehung des Beamten zu der von ihm zu repräsentierenden Staatsidee sichern wollen[31]).

Die Unrichtigkeit der von Carl Schmitt und Leibholz vertretenen Lehre erhellt endlich aus der Erwägung, daß sie die Repräsentanteneigenschaft der Gesandten, die vom Völkerrecht

[29]) Vgl. Köttgen im Hdb. Dt. StR. Bd. II § 61, S. 7.
[30]) Vgl. Hdb. Dt. StR. Bd. II § 61, S. 7/8.
[31]) Vgl. Köttgen im Hdb. d. StR. Bd. II § 61, S. 8. Im Ergebnis zustimmend auch Hans J. Wolff, a. a. O., S. 78/79 u. Anm. 3 auf S. 78.

ausdrücklich anerkannt ist[32]), nicht schlechthin, sondern nur in gewisser Beziehung gelten lassen kann. So soll der Gesandte, soweit er rechtsgeschäftliche Staatsakte vornimmt, der Repräsentanteneigenschaft entbehren, weil er hier entsprechend den Anweisungen seiner heimatlichen Regierung zu handeln habe. Dagegen soll der Gesandte als Repräsentant seines Absendestaates anzuerkennen sein, insoweit er „bei politisch weniger weittragenden Fragen" nach freiem Ermessen und auf eigene Gefahr tätig werde[33]). Dieses unmögliche Ergebnis läßt sich aber nur dadurch vermeiden, daß man das Erfordernis der rechtlichen Unabhängigkeit aus dem Repräsentantenbegriff ausscheidet und die Repräsentanteneigenschaft — ohne Rücksicht auf etwaige rechtliche Abhängigkeit des Repräsentanten — bereits dann als gegeben erachtet, wenn die innere Selbständigkeit des Repräsentanten und damit dessen unmittelbare Beziehung zu dem von ihm zu repräsentierenden Werte gesichert ist[34]).

Für das Wesen des deutschen Beamten ist nach alledem also dreierlei kennzeichnend: Das auf die Verwaltung eines Amtes gerichtete öffentlichrechtliche Dienst- und Treueverhältnis, das zwischen dem Beamten und dem Staat als seinem öffentlichen Dienstherrn besteht, seine Eigenschaft als Träger eines Staatsorgans und seine Eigenschaft als Repräsentant der Staatsidee. Die Eigenart des deutschen Beamtentyps, im Vergleich mit dem Beamtentyp anderer Kulturstaaten, beruht dabei in seinem repräsentativen Charakter, in der engen Bindung des deutschen Beamten an die Staatsidee. Durch seinen repräsentativen Charakter unterscheidet sich der deutsche Beamte nicht nur, wie bereits oben angedeutet, von dem französischen „fonctionnaire", sondern namentlich auch von dem zum civil service gehörigen englischen und amerikanischen Beamten[35]).

Das metaphysische Band der über den Parteien stehenden Staatsidee, das nach dem Willen der Weimarer Reichsverfassung den Beamten als Diener der Gesamtheit[36]), wie in früheren Epochen der deutschen Geschichte, so auch heute mit seinem Staate verbindet, kann in seiner Bedeutung für das deutsche Beamtentum ebenso wie für den deutschen Staat nicht hoch genug bewertet werden. Die metaphysische Verbundenheit von Beamten und Staat

---

[32]) „Les ambassadeurs, légats et nonces ont seuls le caractère représentatif". Vgl. Wiener Kongreßakte, Anlage d, Art. 2, Strupp, Documents I, S. 196.

[33]) Vgl. Leibholz, a. a. O., S. 198 ff., 200.

[34]) Vgl. auch Köttgen im ArchOeffR. N. F. Bd. 19, S. 310 ff.

[35]) Vgl. Köttgen, Berufsbeamtentum, S. 71/72.

[36]) Art. 130 Abs. 1 RV.

bildete einen der Grundpfeiler, auf denen der alte preußische Staat errichtet war. Durch jene eigenartige seelische Verwurzelung im Staate ist jener Typ des gediegen vorgebildeten, pflichtbewußten und uneigennützigen deutschen Beamten geformt worden, der in der ganzen Welt Anerkennung und Achtung gefunden hat. So urteilt etwa James Brice in seinem bekannten Buche „Modern Democracies" (1921) nach längerer eingehender Würdigung des französischen, schweizerischen, amerikanischen, australischen und kanadischen Beamtentums über die alte deutsche Beamtenschaft folgendermaßen: „Nowhere, however, were they so admirable trained as was the German bureaucracy; nowhere was so large a proportion of the national ability to be found in the nation's service".

Ein anderer anerkannter amerikanischer Autor, der bekannte Beamtenreformator Dorman B. Eaton bemerkt in seinem Buche „Civil Service in Great Britain" (1880) folgendes: „In a government in which so strong elements of aristocracy and royalty survive as in Prussia, we are not surprised to observe that a phase of bureaucracy and a tendency to favor high literary attainments find expression in the examinations and perhaps in the selections for the civil service, but despite this lingering of the old spirit which may yet do some injustice to humble life, the service is lifted high above the corruption and intrigues of partisan politics, and men of capacity and moral worth everywhere stand in the official places of the nation and were the leaders in the great events which have given Germany the first place on the continent"[37]).

Das Aufgehen in der über den Parteien stehenden Staatsidee hat dem deutschen Beamten auch die Kraft verliehen, unter jedem in Deutschland herrschenden politischen System, in der absoluten und der konstitutionellen Monarchie, in der demokratisch-parlamentarischen Republik ebenso wie im nationalsozialistischen Führerstaat, in vorbildlicher Pflichttreue und Selbstlosigkeit zu dienen. Das galt im nationalsozialistischen Staat selbst noch zu einer Zeit, als nach dem bekannten Führerwort, „daß die Partei dem Staat befiehlt", der deutsche Beamte immer mehr entrechtet und geknechtet und ihm nicht mehr die „Menschenführung", sondern nur noch die „Sachgestaltung" innerhalb der Verwaltung überlassen wurde[38]).

Die Bindung an die Staatsidee ist für das Wesen des Beamten zwar nicht essentiell, wie uns das Beispiel des englischen, amerikanischen und des französischen Beamten zeigt. Fehlt jene metaphyische Verbundenheit von Beamten und Staat, so besteht aber die

---

[37]) zitiert nach Köttgen, Berufsbeamtentum, S. 38/39, Anm. 1.
[38]) Vgl. hierzu E. R. Huber, a. a. O., S. 51.

namentlich auch von ausländischen Fachvertretern klar erkannte Gefahr, daß der Beamte sich innerlich kaum noch von dem Angestellten privater Betriebe unterscheidet und demgemäß jederzeit den Staatsdienst verläßt, wenn sich ihm anderwärts eine finanziell günstigere Stellung bietet[39]).

III. Das Wesen des deutschen Berufsbeamten.

Unter einem deutschen Berufsbeamten ist jeder zu verstehen, für den der Beamtendienst seine in der Regel lebenslängliche Hauptbeschäftigung sowie die bürgerliche und wirtschaftliche Grundlage seiner sozialen Existenz, m. a. W. seinen „Beruf", und zwar seinen „Hauptberuf" bildet. Dabei ist es ohne Bedeutung, ob die Anstellung des Beamten auf Lebenszeit, auf Zeit oder nur auf Widerruf erfolgt ist. Doch pflegt die Anstellung auf Lebenszeit beim deutschen Berufsbeamten praktisch die Regel zu sein.

In begrifflichem Gegensatz zum deutschen Berufsbeamten steht der deutsche Ehrenbeamte[40]). Ehrenbeamter ist derjenige, für welchen der Beamtendienst regelmäßig nur eine zeitweise Beschäftigung und niemals die Grundlage seiner Lebensstellung, also niemals sein Hauptberuf ist. Der Ehrenbeamte pflegt neben seinem Amt noch einen bürgerlichen Hauptberuf auszuüben, so daß seine ehrenamtliche Tätigkeit schon auf den ersten Blick nur als „Nebenberuf" erkennbar ist. Aber auch für den, der, wie etwa ein Rentner, keinen Hauptberuf hat, bildet der Dienst als Ehrenbeamter niemals die Grundlage seiner Lebensstellung und ist daher niemals sein „Beruf".

Ebensowenig wie der Ehrenbeamte ist der Beamte im Nebenberuf zur Gruppe der deutschen Berufsbeamten zu zählen. Beamte im Nebenberuf[41]) sind Beamte, deren Arbeitskraft durch den Beamtendienst nur nebenbei in Anspruch genommen wird und die neben dem Beamtendienst entweder einem freien Beruf oder einer sonstigen außeramtlichen Tätigkeit nachgehen oder eine weitere Tätigkeit überhaupt nicht ausüben. Es ist dabei etwa an einen Arzt zu denken, dessen Haupttätigkeit die Ausübung von Privatpraxis bildet und der nur nebenbei als Schularzt in einem

---

39) Vgl. Köttgen, Berufsbeamtentum, S. 72 ff. und die dort auf S. 72 in Anm. 2 angeführten Stellen aus den Werken von Robert Moses: „The civil service of Great Britain" 1914, S. 265 und von Herman Finer: „The British Civil Service" (1927), S. 94.

40) Vgl. Peters im Hdb. Dt. StR. Bd. II § 70, S. 100 ff. u. das dort angeführte Schrifttum.

41) Vgl. hierzu Heyland, Deutsches Beamtenrecht § 8, S. 35/36.

Beamtenverhältnis zu einer Gemeinde oder zum Staate steht. Da für die vorgenannten Beamten der Beamtendienst nicht ihr „Hauptberuf" ist, so sind sie aus der Gruppe der deutschen Berufsbeamten ausgeschlossen.

Zur Gruppe der deutschen Berufsbeamten gehören ferner nicht die Minister. Mit Rücksicht auf die den Ministern in der parlamentarischen Demokratie zugewiesene Stellung als selbständige, dem Parlament verantwortliche staatliche Funktionäre eminent politischer Art ist zwischen ihnen und dem Staat ein öffentlichrechtliches Dienst- und Treueverhältnis eigener Art, ein „öffentlichrechtliches Amtsverhältnis" begründet, dessen Inhalt für die deutschen Reichsminister in dem Gesetz über die Rechtsverhältnisse des Reichskanzlers und der Reichsminister vom 27. März 1930 (RGBl. I S. 96) geregelt war.

IV. Begriff und Wesen des deutschen Berufsbeamtentums.

Im deutschen Berufsbeamtentum sind nach der seither maßgebenden Auffassung die deutschen Berufsbeamten, d. h. alle diejenigen deutschen Beamten vereinigt, für die der Beamtendienst ihr Hauptberuf und grundsätzlich auch ihr Lebensberuf ist, einerlei, ob sie der Gruppe der politischen oder der nichtpolitischen Beamten angehören[42]). Das deutsche Berufsbeamtentum ist die Gemeinschaft aller deutschen Berufsbeamten. Diese Gemeinschaft gründet sich auf die gemeinsame Lebensform ihrer Mitglieder, d. h. auf deren Zugehörigkeit zu dem gleichen Beruf, auf den allen Mitgliedern gemeinsamen besonderen Ehrbegriff, auf die sog. Berufsehre des Beamten, die in der Rechtsprechung der Dienststrafgerichte bei der Umgrenzung der Pflicht des Beamten zu achtungswürdigem Verhalten in und außer dem Amte ihren Ausdruck findet, und auf das für alle Mitglieder gemeinsame Berufsethos, die gemeinsame metaphysische Bindung aller Beamten an die Staatsidee[43]).

Es fragt sich, ob die im deutschen Berufsbeamtentum verkörperte deutsche Beamtenschaft einen Berufsstand, den „deutschen Beamtenstand", bildet.

Daß die deutsche Beamtenschaft rechtlich nicht als Berufsstand anzusehen ist, folgt daraus, daß sie kein rechtliches Gebilde darstellt und insbesondere nicht mit Rechtspersönlichkeit ausgestattet ist, die Berufsständen sonst verliehen zu sein pflegt. Hinzu kommt, daß die deutsche Beamtenschaft nicht Träger einer wenn auch nur begrenzten Selbstverwaltung ist, kraft deren sie eigene

---

42) Vgl. des Näheren § 5 dieser Abhandlung am Ende.

43) Vgl. hierzu Köttgen, Berufsbeamtentum, S. 272/73; Hans Gerber im ArchOeffR. N. F. Bd. 18, S. 82/83.

oder vom Staat abgeleitete Aufgaben zu erfüllen hätte. Der Staat hat sich vielmehr selbst die Regelung aller die Beamtenschaft berührenden Angelegenheiten vorbehalten und damit der Beamtenschaft jegliche Selbstverwaltung grundsätzlich verwehrt. Der Dienststrafrichter, der in einer gegen den Beamten anhängigen Dienststrafsache Recht spricht, ist allein staatlich bestellter Richter; er hat lediglich die staatliche Dienststrafgerichtsbarkeit auszuüben, nicht aber irgendeine Standesfunktion wahrzunehmen[44]).

Dagegen dürften keine Bedenken bestehen, die deutsche Beamtenschaft bei soziologischer Betrachtungsweise als Berufsstand zu kennzeichnen. Die gemeinsame Lebensform der deutschen Beamten, nämlich ihre Zugehörigkeit zum gleichen Beruf, der ihnen eigene besondere Ehrbegriff, ihre „Berufsehre", und ihr gemeinsames Berufsethos, ihre gemeinsame metaphysische Verbundenheit mit der Staatsidee lassen die deutsche Beamtenschaft als eine festgefügte, in sich geschlossene Gliederung der Angehörigen eines bestimmten Berufes innerhalb des Volkes und damit als Berufsstand erscheinen.

Die deutsche Beamtenschaft bildet danach also zwar nicht rechtlich, wohl aber soziologisch gesehen einen Berufsstand, den „deutschen Beamtenstand".

---

44) Vgl. hierzu Wittland in Dt. Justiz 1937, S. 239; Heyland, Dt. Beamtenrecht, § 46, S. 235/36.

§ 3

Zur Frage der Beibehaltung des Berufsbeamtentums im neuen deutschen demokratisch-parlamentarischen Staat

I. Berufsbeamtentum und demokratische Ideologie.

Nach der demokratischen Ideologie, wie sie von radikalen Demokraten vertreten wird, ist für die Einrichtung des Berufsbeamtentums im demokratischen Staat kein Raum, da der Berufsbeamte als langjähriger Träger eines exekutiven Amtes der Volksfreiheit gefährlich sei oder doch gefährlich werden könnte[1]). Das Berufsbeamtentum soll im idealen demokratischen Staat durch eine Gruppe von „Vertrauensmännern des Volkes" ersetzt werden, die ihrerseits stets engste Verbindung mit dem obersten Staatsorgan, dem Volke, aufrechtzuerhalten haben[2]). Der bürgerliche Reihedienst und der recall sollen die juristisch-technischen Mittel sein, die der Herstellung einer derartigen Verbindung dienen. Die vorerwähnte demokratische Ideenlehre ist aber in den modernen großen und größeren demokratischen Staaten bekanntlich praktisch nicht verwirklicht worden. Das Berufsbeamtentum hat sich angesichts der verwickelten organisatorischen, rechtlichen, wirtschaftlichen und sozialen Verhältnisse, die in jedem modernen größeren Staat bestehen, auch dort als eine unentbehrliche Einrichtung erwiesen. Die Einrichtung des Berufsbeamtentums ist namentlich auch im demokratischen Weimarer Staat, im Reich ebenso wie in den Ländern, uneingeschränkt beibehalten worden. Anerkannte Führer der deutschen Demokratie, wie Hugo Preuß[3]) und Max Weber[4]), die über jeden Verdacht einer Ueberschätzung des Berufsbeamtentums erhaben sind, haben sich dabei für die Erhaltung des aus dem monarchischen deutschen Staat übernommenen deutschen Berufsbeamtentums nachdrücklich eingesetzt. Tatsächlich ist das Berufsbeamtentum im deutschen demokratischen Staat nicht allein praktisch unentbehrlich, sondern darüber hinaus auch eine der wichtigsten

---

1) Das ist etwa der Standpunkt der Verfassung von Maryland, vgl. Art. 1 Sekt. 34 u. dazu Hatschek, Allgemeines Staatsrecht II. Teil (1909) § 11, S. 129.

2) Vgl. Kelsen, Vom Wesen und Wert der Demokratie (1920), S. 23 ff.

3) Vgl. Verhandlungen der verfassungsgebenden Nationalversammlung 59. Sitzung, Bd. 328 S. 1632.

4) Vgl. „Deutschlands künftige Staatsform" in Gesammelten politischen Schriften. S. 371 u. „Beamtenherrschaft und politisches Führertum", a. a. O., S. 139 ff.

Stützen des Staates gewesen. Es sei dabei an die schönen Worte erinnert, die der damalige Reichskanzler Dr. Marx bei Gelegenheit einer großen Einigungskundgebung am 8. Oktober 1926 mit Bezug auf das Verhalten der deutschen Beamtenschaft während und nach der Novemberrevolution des Jahres 1918 gesprochen hat: „Damals ist das deutsche Beamtentum in ganz besonderem Maße der Retter unseres Vaterlandes geworden"[5]).

Gegen die Abschaffung des Berufsbeamtentums im demokratischen Staat spricht, abgesehen von den im vorigen angeführten praktischen Erwägungen, die unrichtige theoretische Begründung, auf welche sich die in Rede stehende demokratische Ideenlehre stützt. Gefahr droht der Volksfreiheit in der modernen Demokratie erfahrungsgemäß nicht von dem regelmäßig parteipolitisch neutralen Berufsbeamtentum, sondern von einem übermächtigen Parlament und den dort herrschenden Parteien. Ein parteipolitisch neutrales Berufsbeamtentum ist als Gegengewicht gegen die Uebermacht des Parlaments und der dort herrschenden Parteien sogar ein wirksamer, praktisch unentbehrlicher Garant der Volksfreiheit im modernen demokratischen Staat.

Der Fortbestand des Berufsbeamtentums im neuen deutschen Staat ist hiernach durch die von radikalen Demokraten vertretene Lehre von der Ablösung der Berufsbeamten durch „Vertrauensmänner des Volkes" nicht nachhaltig gefährdet.

II. Berufsbeamtentum und Ehrenbeamtentum.

Auch die Einrichtung des Ehrenbeamtentums vermag den Fortbestand des Berufsbeamtentums im neuen deutschen Staat nicht ernstlich in Frage zu stellen. Das als Gegengewicht gegen eine weltfremde, verknöcherte Bürokratie geschaffene Ehrenbeamtentum bildet gewiß eine wertvolle Ergänzung des Berufsbeamtentums. Das gilt namentlich überall da, wo Berufsbeamte und Ehrenbeamte bei derselben Behörde zusammenarbeiten und hierbei die Erfahrungen, die der Ehrenbeamte in seinem bürgerlichen Hauptberuf gesammelt hat, im Dienste des Staates nutzbar gemacht werden. Eine Verwendung von Ehrenbeamten kommt jedoch stets nur in einigen wenigen Aemtern in Betracht. Die Masse der Aemter muß notwendigerweise durch andere Kräfte verwaltet werden. Im übrigen fehlt es heute an geeigneten Persönlichkeiten selbst zur Bekleidung dieser nur wenigen Ehrenämter. Durch die allgemeine Verarmung Deutschlands ist der Kreis wohlhabender, unabhängiger Personen,

---

5) Zitiert nach Giese, Berufsbeamtentum (1929), S. 14.

die ihre freie Zeit auf die nichtgewinnbringende Tätigkeit eines Ehrenbeamten verwenden können, immer kleiner geworden. Die modernen Interessenvertreter, denen ihre Verbände die notwendige Freizeit für eine ehrenamtliche Betätigung gewähren, sind als Ehrenbeamte nicht qualifiziert, da bei ihnen die ständige Gefahr besteht, daß sie bei ihrer Amtsführung statt der Interessen der Allgemeinheit die Interessen der von ihnen vertretenen Wirtschaftsgruppen wahrnehmen.

Berücksichtigt man alles dies, und erwägt man vor allem auch, daß der Beamte im modernen Staat mit der Kompliziertheit seiner Apparatur Fachmann sein muß, so steht fest, daß der Ehrenbeamte, der in früheren Epochen, namentlich in kleineren Verwaltungen, ein geeigneter Träger der Verwaltung gewesen ist, in der heutigen Zeit vollkommen ungeeignet ist, in größerem Umfang staatliche Aufgaben auf sich zu nehmen oder sogar etwa das Berufsbeamtentum restlos abzulösen[6]).

III. Berufsbeamtentum und staatliches Arbeitnehmertum.

Ernstere Gefahren drohen dem Berufsbeamtentum dagegen durch diejenigen Bestrebungen, welche die Beamten durch staatliche Arbeitnehmer, d. h. durch Behördenangestellte und Behördenarbeiter, ersetzen oder aber die Rechtsstellung des Beamten weitgehend der des staatlichen Arbeitnehmers angleichen wollen[7]).

Zwecks Prüfung der Frage, ob und evtl. inwieweit die vorgenannten Bestrebungen sachlich berechtigt sind[8]), ist zunächst das Wesen des staatlichen Arbeitnehmers klarzustellen und mit dem des Beamten zu vergleichen.

---

6) Vgl. Hasbach, Die moderne Demokratie (1921); Köttgen, Berufsbeamtentum, S. 40/41.

7) So lautet Nr. 6 der Forderung der KPD hinsichtlich der neuen Großhessischen Verfassung: „Nach unserer Meinung als Kommunisten sollen in Zukunft Beamte in ihren Rechten und Pflichten allen Lohn- und Gehaltsempfängern gleichgestellt werden. Die schwere Lage unserer Heimat verbietet Sonderrechte für die Diener der Oeffentlichkeit".

In dem Aufruf der SPD zur Wahl für die verfassungsberatende Großhessische Landesversammlung heißt es: „Die sozialen Sicherungen des Beamtenrechts sollen erhalten bleiben bei weitgehender Angliederung an das Arbeitsrecht". Vgl. Gießener Freie Presse vom 27. 6. 1946 Nr. 65, S. 4 u. 5.

8) Gegen die oben erwähnten Bestrebungen namentlich: Kaskel, Beamtenrecht und Arbeitsrecht (1926); Jakobi, Grundlehren des Arbeitsrechts (1927), S. 57; Köttgen, Beamtenrecht und Arbeitsrecht in den Mitt. des Jenaer Instituts für Wirtschaftsrecht November 1928; Giese, Das Berufsbeamtentum im deutschen Volksstaat (1929); Laforet, Beamtenrecht und Arbeitsrecht (1929); Brand im Verwaltungsarchiv Bd. 32, S. 158 ff. Für die genannten Bestrebungen insbes.: Sinzheimer, Grundzüge des Arbeitsrechts (1921), S. 6 u. im Handwörterbuch der Staatswissenschaften 4. Aufl. Art. Arbeitsrecht, S. 846; Potthoff, Wesen und Ziel des Arbeitsrechts (1921); Lutz Richter, Arbeitsrecht als Rechtsbegriff (1923), S. 26, Kritische Bemerkungen über den Entwurf eines deutschen Beamtengesetzes, Heft 8 der Schriftensammlung des ADB 1924 u. Beamtenrecht—Arbeitsrecht in der Wissenschaftlichen Beilage der Leipziger Lehrerzeitung vom Januar 1924.

Das Rechtsverhältnis, das zwischen dem Behördenangestellten und Behördenarbeiter, kurz gesagt dem staatlichen Arbeitnehmer, einerseits und dem Reich, einem Land oder einer anderen juristischen Person des öffentlichen Rechts, kurz gesagt, dem Staat, andererseits begründet ist, ist im Gegensatz zu dem öffentlichrechtlichen Dienst- und Treueverhältnis des Beamten ein privatrechtliches Dienstverhältnis, ein Arbeitsverhältnis. Bei der Begründung ebenso wie während der gesamten Dauer dieses Arbeitsverhältnisses tritt der Staat dem staatlichen Arbeitnehmer nicht wie dem Beamten als übergeordnete Hoheitsperson, als Träger obrigkeitlicher Gewalt, sondern als Fiskus auf dem Boden rechtlicher Gleichordnung gegenüber. Staat und staatlicher Arbeitnehmer sind rechtlich einander ebenbürtige, gleichgeordnete Kontrahenten. Das kommt namentlich in Folgendem zum Ausdruck:

Das Arbeitsverhältnis des staatlichen Arbeitnehmers wird nicht durch Staatshoheitsakt, sondern durch privatrechtlichen Vertrag begründet. Dem Staat steht gegenüber dem staatlichen Arbeitnehmer keine aus der Innehabung öffentlicher Gewalt fließende dienstliche Befehlsgewalt oder Dienststrafgewalt zu. Der Staat kann daher dem staatlichen Arbeitnehmer gegenüber auch keine Verwaltungsakte vornehmen. Anordnungen des Staates, die wie die „Versetzung" eines staatlichen Arbeitnehmers von einer Dienststelle zu einer andern Aehnlichkeit mit einem Verwaltungsakt aufweisen, stellen in Wirklichkeit rein privatrechtliche Akte dar, die weder die Vermutung der Rechtmäßigkeit und Gültigkeit für sich haben noch auch der Nachprüfung durch die Gerichte entzogen sind. Wie das Reichsgericht[9]) zutreffend ausführt, steht dem Gericht beim privatrechtlichen Dienstverhältnis im Gegensatz zum öffentlichrechtlichen Dienst- und Treueverhältnis des Beamten im Streitfall die Entscheidung über den Umfang und Inhalt der Vertragspflichten des staatlichen Arbeitnehmers und die Art der von ihm zu leistenden Dienste zu; auch ist das Gericht zur Nachprüfung berufen, ob die dem staatlichen Arbeitnehmer auf Grund einer Einstufung in eine bestimmte Klasse oder Gruppe einer Tarif- oder Besoldungsordnung gewährten Bezüge als taxmäßige oder übliche Vergütung im Sinne des § 612 Abs. 2 BGB anzusehen sind[10]).

Das öffentlichrechtliche Dienst- und Treueverhältnis des Beamten ist ein durchaus personenrechtliches Verhältnis. Es erfaßt die gesamte Persönlichkeit des Beamten in und außer dem

---

9) Vgl. RGZ 126, 147 ff. = JW 1930, 1191 ff. Nr. 8 u. die dort angeführten Entsch. des RG.

10) Vgl. Heyland, Deutsches Beamtenrecht § 5, S. 17/18.

Amte und verlangt dementsprechend von dem Beamten Hingabe seiner gesamten Arbeitskraft. Der Beamte schuldet seinem öffentlichen Dienstherrn nicht genau bestimmte, abgemessene, sondern ungemessene Dienste. Das Arbeitsverhältnis des staatlichen Arbeitnehmers ist demgegenüber nach der wie vor 1933, so auch heute wieder maßgebenden Rechtsauffassung ein Schuldverhältnis, das die Pflichten des Arbeitnehmers einzeln bestimmt und genau abgrenzt. Eine zeitlich, sachlich oder persönlich darüber hinauswirkende Verpflichtung des staatlichen Arbeitnehmers gibt es nicht. Derselbe ist im Gegensatz zum Beamten außerhalb der Dienststunden ein freier Mensch, der tun und lassen kann, was ihm beliebt[11]).

Die Treuepflicht des staatlichen Arbeitnehmers hat einen ungleich begrenzteren Inhalt als die Treuepflicht des Beamten. Eine Pflicht zur Aufopferung seines Lebens kommt für den staatlichen Arbeitnehmer nur in solchen Ausnahmefällen in Frage, in denen sie vertraglich besonders ausbedungen ist. Eine Unlösbarkeit der Treuepflicht besteht nicht. Mit der Beendigung des Arbeitsverhältnisses hört auch die Treuepflicht des staatlichen Arbeitnehmers gegenüber seinem seitherigen öffentlichen Dienstherrn auf.

Die staatlichen Arbeitnehmer arbeiten vielfach bei Behörden mit Beamten der betr. Behörden zusammen; sie haben häufig dieselben dienstlichen Verrichtungen wahrzunehmen und auch die Beamten zu vertreten. Im Interesse einer einheitlichen Personalverwaltung pflegt in Tarif- und Dienstordnungen sowie in Anstellungsverträgen der öffentlichen Dienstherren immer mehr auf das Beamtenrecht Bezug genommen zu werden. So werden hinsichtlich der Besoldung, des Ruhegehalts, der Hinterbliebenenversorgung, der Arbeitszeit, des Urlaubs und mancher anderer Einzelheiten die für Beamte geltenden Vorschriften für anwendbar erklärt, so wird sogar für manche staatliche Arbeitnehmer, insbesondere für die Dienstordnungsangestellten bei den sozialen Versicherungsträgern, die Unterwerfung unter die Disziplinarbestimmungen für Beamte vorgesehen[12]). Dabei wird aber das dem Privatrecht angehörende Arbeitsverhältnis der staatlichen Arbeitnehmer nicht für einen Teil seiner Beziehungen, nämlich soweit eine Verweisung auf Beamtenrecht vorliegt, dem öffentlichen Recht unterstellt. Die für eine solche Regelung erforderliche Ermächtigung der zum Erlaß der Tarif- und Dienstordnungen zuständigen Stellen ist nicht

11) Vgl. Giese, Das Berufsbeamtentum im deutschen Volksstaat (1929), S. 24.

12) Wacke, Das Dienstrecht der Behördenangestellten (1932) § 13, S. 37 ff. u. Oeffentliches Dienstrecht (1939) Einleitung Nr. 16 ff., S. 10 ff., insbes. Nr. 21, S. 12; Dietz in ZBR Bd. 7, S. 241 ff.

vorhanden. Durch die in Tarif- und Dienstordnungen sowie in Anstellungsverträgen enthaltenen Verweisungen auf Beamtenrecht können hiernach nicht die dem öffentlichen Recht angehörenden Vorschriften des Beamtenrechts auf die staatlichen Arbeitnehmer als unmittelbar anwendbar erklärt, den staatlichen Arbeitnehmern kann nicht in gewissen Beziehungen, etwa hinsichtlich ihrer besoldungsrechtlichen Verhältnisse, die Rechtsstellung von Beamten eingeräumt werden. Die hier in Rede stehenden Verweisungen auf Beamtenrecht haben vielmehr lediglich die Bedeutung, daß die einschlägigen, dem Beamtenrecht angehörenden öffentlichrechtlichen Vorschriften innerhalb des privatrechtlichen Arbeitsverhältnisses der staatlichen Arbeitnehmer als privatrechtliche Vorschriften entsprechende Anwendung zu finden haben; die staatlichen Arbeitnehmer sollen in gewissen Beziehungen lediglich so behandelt werden, als ob sie Beamte wären. An diese Feststellungen knüpfen sich praktisch bedeutsame Folgen. So kann der staatliche Arbeitnehmer, da sein Arbeitsverhältnis vollständig dem Privatrecht angehört, den Rechtsweg vor den Arbeitsgerichten auch insoweit beschreiten und eine Nachprüfung von Entscheidungen seines öffentlichen Dienstherrn durch die Arbeitsgerichte auch insoweit herbeiführen, als für seine Beziehungen zum Dienstherrn das Beamtenrecht maßgebend ist. Das gilt selbst dann, wenn bei den Beamten nach den einschlägigen Vorschriften des Beamtenrechts eine Klage unzulässig oder das Gericht an gewisse Entscheidungen des öffentlichen Dienstherrn gebunden ist. So kann der staatliche Arbeitnehmer, obwohl nach § 8 Abs. 2 des Reichsbesoldungsgesetzes vom 16. Dez. 1927 die Entscheidung der Verwaltungsbehörden über die Festsetzung des Besoldungsdienstalters für die Gerichte bei der Beurteilung der vor ihnen geltend gemachten vermögensrechtlichen Ansprüche von Beamten maßgeblich ist, eine Nachprüfung seines Besoldungsdienstalters durch das Arbeitsgericht dennoch herbeiführen. Eine Ausnahme von diesem Grundsatz findet nur dann statt, wenn nach dem erkennbaren Willen der Tarif- oder Dienstordnung oder nach dem im Anstellungsvertrag zum Ausdruck gekommenen Willen der Parteien auch für den staatlichen Arbeitnehmer die Klage bei dem Arbeitsgericht oder die Nachprüfung der betreffenden Entscheidung durch das Arbeitsgericht ausgeschlossen sein soll[13]).

Das Arbeitsverhältnis des staatlichen Arbeitnehmers ist nach den vorstehenden Ausführungen zwar in zahlreichen Einzelheiten dem öffentlichrechtlichen Dienst- und Treueverhältnis des Beamten

[13]) Vgl. LAG Frankfurt a. Main in ZBR Bd. 8, S. 113 ff.

angenähert. Dadurch wird der zwischen den vorgenannten beiden Dienstverhältnissen bestehende grundsätzliche Unterschied aber nicht berührt. Das Arbeitsverhältnis des staatlichen Arbeitnehmers ist trotz alledem ein privatrechtliches Dienstverhältnis, ein Schuldverhältnis, auf Grund dessen der staatliche Arbeitnehmer seinem öffentlichen Dienstherrn bestimmt abgemessene Dienste zu leisten hat und außerhalb der Dienststunden ein freier Mensch ist. Die in dem Arbeitsverhältnis enthaltene Treuepflicht des staatlichen Arbeitnehmers hat nur einen begrenzten Inhalt und dauert grundsätzlich nicht über den Bestand des Arbeitsverhältnisses hinaus fort. Das Beamtenverhältnis ist dagegen ein öffentlichrechtliches Dienst- und Treueverhältnis, ein personenrechtliches Verhältnis, durch das die gesamte Persönlichkeit des Beamten, in und außer dem Amte erfaßt, und durch das der Beamte seinem öffentlichen Dienstherrn gegenüber zur Leistung ungemessener Dienste verpflichtet wird. Die Treuepflicht des Beamten ist unbegrenzt und unlöslich. Sie besteht auch nach Beendigung des Beamtenverhältnisses fort, solange der Beamte lebt.

Für den Wesensunterschied zwischen Beamten und staatlichem Arbeitnehmer ist ferner folgendes kennzeichnend: Vom Beamten pflegt vor seiner Anstellung der Nachweis einer gediegenen, fachlichen Vorbildung, die Zurücklegung einer längeren Ausbildungszeit und die erfolgreiche Ablegung einer oder gar mehrerer Prüfungen verlangt zu werden. Der Beamte macht den öffentlichen Dienst in der Regel zu seinem Lebensberuf und wird dementsprechend in der Regel auf Lebenszeit angestellt. Der staatliche Arbeitnehmer braucht demgegenüber vor seiner Einstellung grundsätzlich keinerlei Vor- und Ausbildung, geschweige denn die erfolgreiche Ablegung einer Prüfung nachzuweisen. Der staatliche Arbeitnehmer wird „eingestellt" und dann von Vorgesetzten und Arbeitskameraden mehr oder minder sorgfältig in die ihm zugewiesene Stellung „eingearbeitet". Eine Anstellung auf Lebenszeit findet beim staatlichen Arbeitnehmer nicht statt. Derselbe pflegt den öffentlichen Dienst nicht als Lebensberuf zu wählen. Bietet sich ihm in der privaten Wirtschaft eine finanziell günstigere Stellung, so pflegt er die Stellung bei seinem öffentlichen Dienstherrn zu verlassen.

Der Wesensunterschied zwischen Beamten und staatlichem Arbeitnehmer äußert sich endlich darin, daß letzterer im Gegensatz zum Beamten weder Träger eines Staatsorgans noch Repräsentant der Staatsidee ist.

Aus dem öffentlichrechtlichen Charakter der Staatsorganisation folgt zwingend, daß auch der Träger eines Staatsorgans nur durch öffentlichrechtliche Bande zu dem Staat in Beziehung gesetzt werden, daß somit eine auf Grund eines privatrechtlichen Dienstvertrages, eines Arbeitsverhältnisses, beim Staate angestellte Person, ein staatlicher Arbeitnehmer, niemals Träger eines Staatsorgans sein kann. Der staatliche Arbeitnehmer kann nur als „Stellvertreter" des Staates innerhalb des Rechtsverkehrs in Erscheinung treten[14]. Da der staatliche Arbeitnehmer nicht als Wesensbestandteil, als Glied in der Gesamtperson „Staat" aufgeht, fehlt ihm auch die metaphysische Bindung an die Staatsidee und damit der repräsentative Charakter, der, wie oben dargelegt, ein besonderes Kennzeichen des deutschen Beamten ist.

Angesichts der durchaus privatrechtlichen Natur seines Arbeitsverhältnisses sowie angesichts der ihm fehlenden Eigenschaft als staatlicher Organträger und Repräsentant der Staatsidee ist der Streik im demokratisch-parlamentarischen Staat beim staatlichen Arbeitnehmer ebenso wie bei jedem Arbeitnehmer in der privaten Wirtschaft logisch sinnvoll und rechtlich nicht verboten, allerdings — nach dem seitherigen Stande der Gesetzgebung — nicht, wie bisweilen irrigerweise behauptet worden ist, rechtlich erlaubt. Dagegen ist der Beamtenstreik auch im demokratisch-parlamentarischen Staat nicht nur unzulässig, sondern schlechthin unmöglich. Da die Beamten als staatliche Organträger den Staat selbst darstellen, da sie Repräsentanten der Staatsidee sind, wäre ein von ihnen unternommener Streik völlig sinnwidrig und unlogisch. Ueberdies ist der Streik mit der dem Beamten auferlegten unbegrenzten Treuepflicht gegenüber dem Staat unvereinbar, er ist eine denkbar schwere Pflichtverletzung, ein Dienstvergehen, das strengster disziplinarischer Bestrafung unterliegt[15].

Die Nachteile, die der Typ des staatlichen Arbeitnehmers gegenüber dem Typ des Beamten aufweist, liegen nach den vorstehenden Untersuchungen auf der Hand: Der staatliche Arbeitnehmer bringt regelmäßig keine gleich umfassende, gleich gründliche und vor allem keine fachliche Vorbildung wie der Beamte mit. Eine längere Ausbildungszeit pflegt er nicht zurück-, Prüfungen nicht abgelegt zu haben. Der staatliche Arbeitnehmer pflegt den öffentlichen Dienst nicht als Lebensberuf zu erwählen, sondern nach einer Anzahl von Jahren, die er im öffentlichen Dienst gestanden hat, in eine sich ihm bietende, finanziell günstigere Stellung im privaten Wirtschaftsleben überzutreten. Der staatliche Arbeitnehmer ver-

14) Vgl. Köttgen, HDB d. Dt. StR. Bd. II § 61, S. 4.

15) Vgl. Giese, a. a. O., S. 25.

fügt durchweg nicht über ein gleiches Maß von Erfahrungen im Dienst, wie es sich der Beamte in langjähriger Dienstzeit erworben hat. Seine dienstlichen Leistungen bleiben infolgedessen meist hinter denen des Beamten zurück. Dem staatlichen Arbeitnehmer fehlt die beim Beamten durch Qualität, Intensität und Kontinuität seiner dienstlichen Leistungen bedingte und verbürgte Autorität im Verkehr mit dem Publikum und mit Behörden. Der staatliche Arbeitnehmer ist nicht wie der Beamte bei schuldhafter Nichterfüllung seiner Pflichten der Gefahr des Dienststrafverfahrens und des Verlustes seiner Lebensstellung im Falle der Dienstentlassung ausgesetzt. Ihm fehlt damit der stärkste Ansporn für restlose, uneigennützige Pflichterfüllung, insbesondere auch für strenge Wahrung des Amts- und Dienstgeheimnisses. Beim staatlichen Arbeitnehmer besteht im demokratischen Staat endlich eine beim Beamten ausgeschlossene, ständige Streikgefahr mit allen ihren Nachteilen und Schäden[16]).

IV. Die Notwendigkeit der grundsätzlichen Beibehaltung des Berufsbeamtentums im neuen deutschen Staat.

Nach den vorstehenden Untersuchungen steht fest, daß das Berufsbeamtentum im neuen deutschen demokratisch-parlamentarischen Staat grundsätzlich beizubehalten ist und nicht auf der ganzen Linie durch das staatliche Arbeitnehmertum ersetzt werden kann. Dafür spricht einmal, daß der Berufsbeamte mit Rücksicht auf seine gediegene Vor- und Ausbildung, die Ablegung von Prüfungen und seine in langjähriger Dienstzeit gesammelten Erfahrungen eine höhere Qualität seiner dienstlichen Leistungen verbürgt als der staatliche Arbeitnehmer. Hinzu kommt, daß die Besetzung bestimmter Stellen innerhalb der staatlichen Organisation mit Berufsbeamten aus Gründen der Staatssicherheit unerläßlich ist. Es fällt dabei ins Gewicht sowohl die größere Garantie, welche der Beamte für die strenge Wahrung des Amts- und Dienstgeheimnisses bietet, als auch die beim Beamten ausgeschlossene, beim staatlichen Arbeitnehmer dagegen ständig vorhandene Streikgefahr.

Die grundsätzliche Beibehaltung des Berufsbeamtentums wird, abgesehen von den hier angestellten Erwägungen d i e n s t r e c h t l i c h e r Art, weiter aber auch durch Erwägungen v o n e m i n e n t s t a a t s p o l i t i s c h e r B e d e u t u n g zwingend gefordert. Das Schicksal des modernen demokratisch-parlamentarischen Staates ist mit dem Bestand eines neutralen, von parteipolitischen Einflüssen unabhängigen Berufsbeamtentums untrennbar verbunden.

16) Vgl. die grundsätzlich gleichen Erwägungen bei G i e s e, a. a. O., S. 38.

Ein parteipolitisch neutrales Berufsbeamtentum bildet neben einem vom Volk gewählten, parteipolitisch neutralen Staatsoberhaupt, dem Staatspräsidenten, einen jener „neutralen Faktoren", jener „pouvoir neutres", die, wie namentlich Carl Schmitt[17]) im Anschluß an Benjamin Constant geistvoll dargelegt hat, in der modernen parlamentarischen Demokratie mit den in ihr herrschenden wechselnden Mehrheiten als stabile Verfassungselemente nicht entbehrt werden können. Einem parteipolitisch neutralen Berufsbeamtentum liegt einmal die objektive Durchführung der Gesetze einschließlich des Verfassungsgesetzes in Verwaltung und Rechtspflege ob. Von ihm sind überdies neben dem Staatspräsidenten während zerrüttender parlamentarischer Interessenkämpfe der Bestand und die Einheit des Staates zu wahren. Ein parteipolitisch neutrales Berufsbeamtentum stellt ebenso wie der Staatspräsident in der modernen parlamentarischen Demokratie einen politischen Faktor dar, der in Zeiten parlamentarischer Krisen die Kontinuität des staatlichen Seins gewährleistet und den Staat als aktionsfähige, reale Macht erhält[18]).

Die Bestrebungen, die das Berufsbeamtentum im neuen deutschen demokratisch-parlamentarischen Staat restlos durch ein staatliches Arbeitnehmertum ersetzen wollen, sind hiernach sowohl aus dienstrechtlichen als insbesondere auch aus staatspolitischen Erwägungen nachdrücklich abzulehnen. Das gleiche gilt von solchen Bestrebungen, welche das Berufsbeamtentum zwar dem Namen nach bestehen lassen, das Beamtenverhältnis inhaltlich aber weitgehend dem Arbeitsverhältnis des Angestellten und Arbeiters in der Privatwirtschaft angleichen und dabei den Beamten von persönlichen Bindungen gegenüber dem Staat, die von ihnen als unzeitgemäß empfunden werden, befreien wollen. Es bleibt dabei zu bedenken, daß ein wesensmäßig derart verändertes Berufsbeamtentum nicht fähig ist, die ihm innerhalb der Organisation des modernen demokratisch-parlamentarischen Staates zugewiesene, politisch hochbedeutsame Funktion als neutraler Faktor und stabiles Verfassungselement sinnvoll und zweckentsprechend auszuüben.

Namhafte deutsche und ausländische Politiker wollen neuestens — ohne sich zuvor mit den hier angeführten Gründen dienstrechtlicher und staatspolitischer Art auseinandergesetzt zu haben — aus-

---

17) Vgl. Arch. für Oeffentliches Recht N. F. Bd. 16, S. 112 ff., insbes. S. 222 ff., 224 ff.; vgl. hierzu ferner Carl Schmitt in seiner Schrift „Hugo Preuß, sein Staatsbegriff und seine Stellung in der deutschen Staatslehre", Tübingen (Mohr) 1930, S. 18 ff., 23 ff. u. in den Mitteilungen der Industrie- u. Handelskammer zu Berlin 1930, Nr. 8, S. 397 ff.

18) Vgl. hierzu die treffenden Ausführungen von Werner Weber in Arch. Oeff. R., N. F., Bd. 19, S. 208 ff., insbes. S. 226 ff.; vgl. ferner auch Giese in DJZ 1930 Sp. 279 u. in JW 1930, S. 1168.

schließlich „aus psychologischen Erwägungen" den „öffentlichen Beamten" durch den „öffentlichen Angestellten" ersetzt und damit das Berufsbeamtentum abgeschafft wissen. Das deutsche Berufsbeamtentum habe von jeher eine hochmütige, in sich geschlossene Kaste gebildet und sei stets Träger der Reaktion und des Imperialismus gewesen. Eine solche, vom Volke abgesonderte Kaste passe aber nicht in den neuen demokratischen deutschen Staat. Auch hätten zahlreiche Angehörige des Berufsbeamtentums ihren auf die Weimarer Reichsverfassung geleisteten Treueid gebrochen, indem sie bereits vor dem 30. Januar 1933, dem Tag der nationalsozialistischen Machtergreifung, der NSDAP als Mitglieder beigetreten und für dieselbe aktiv tätig geworden wären. Hinzu komme, daß bei vielen Behörden die gleichen Aufgaben sowohl von Beamten als auch von öffentlichen Angestellten erledigt würden. Es sei nicht einzusehen, warum die Erledigung der diesen Behörden obliegenden Aufgaben nicht ausschließlich öffentlichen Angestellten übertragen werden solle. Alle diese Erwägungen ließen keinen Zweifel darüber bestehen, daß das Berufsbeamtentum seinen Anspruch auf Uebernahme in den neuen demokratischen deutschen Staat verwirkt habe.

Die vorstehenden Gründe vermögen aber den Ersatz des öffentlichen Beamten durch den öffentlichen Angestellten und damit die Abschaffung des Berufsbeamtentums in keiner Weise zu rechtfertigen.

Der Vorwurf, daß das Berufsbeamtentum stets eine hochmütige, vom Volke abgesonderte Kaste sowie Träger der Reaktion und des Imperialismus gewesen sei, mag zwar für die Zeit der deutschen Monarchien innerhalb bestimmter, enger Grenzen[19]) immerhin als berechtigt anzuerkennen sein. Der vorgenannte Vorwurf trifft aber weder für die Zeit des Weimarer Staates noch für die Zeit des nationalsozialistischen Staates zu. Seit dem Zusammenbruch der deutschen Monarchien, also seit einem Menschenalter, geht das Berufsbeamtentum aus allen sozialen Schichten des deutschen Volkes hervor, aus dem Groß-, dem Mittel- und dem Kleinbürgertum ebenso wie insbesondere auch aus der Arbeiterschaft[20]). Das Berufsbeamtentum ist seitdem mitten im deutschen Volke verwurzelt, es ist alles andere als eine vom Volke abgesonderte, ausschließlich aus aristokratischen Kreisen stammende

19) Es ist dabei an einen aus dem Landadel und dem Corpsstudententum stammenden Kreis von höheren Beamten innerhalb des auswärtigen Reichsdienstes und der preußischen inneren Verwaltung zu denken, der reaktionärer und imperialistischer Bestrebungen bezichtigt wurde.

20) Vgl. Erwin Kleinstück, Vom Wesen des deutschen Beamtentums (1927), S. 18/19.

hochmütige Kaste. Daß das Berufsbeamtentum während des Weimarer Staates nicht Träger der Reaktion und des Imperialismus gewesen ist, erhellt ohne weiteres aus der Tatsache, daß die ganz überwiegende Zahl der Berufsbeamten sich damals zu den im Weimarer Staat regierenden politischen Parteien bekannte, die anerkanntermaßen für sozialen Fortschritt ebenso wie für Völkerversöhnung eintraten. Daß das Berufsbeamtentum auch im nationalsozialistischen Staat nicht als Träger der Reaktion und des Imperialimus angesehen werden kann, ergibt sich aus seiner unterdrückten und infolgedessen einflußlosen Stellung im damaligen staatlichen Leben. Für jeden Kenner der Verhältnisse ist außer Zweifel, daß das Berufsbeamtentum im nationalsozialistischen deutschen Führerstaat nicht „führte", sondern entsprechend dem Grundsatz, daß „die Partei dem Staat befahl", zum Diener der Partei, ja gelegentlich sogar zu deren Prügelknaben geworden war.

Der zweite gegen das deutsche Berufsbeamtentum erhobene Vorwurf ist ebenfalls unbegründet: Die Zahl der Beamten, die vor der am 30. Januar 1933 erfolgten Machtergreifung der NSDAP als Mitglieder beigetreten sind, ist auffallend gering. Sie dürfte, soweit hier festgestellt werden konnte, kaum ½ % sämtlicher Beamten betragen haben. Noch geringer ist aber die Zahl derjenigen Beamten, die sich vor der Machtergreifung als Mitglieder der NSDAP für diese a k t i v betätigt haben. Das beweist eindeutig auch die Tatsache, daß die Beamtenschaft nach der Machtergreifung in Kundgebungen führender Männer der NSDAP immer wieder lebhaft darüber getadelt worden ist, daß sie nicht früher in größerer Zahl den Weg zum Führer Adolf Hitler gefunden und sich während der Kampfzeit für dessen Ideen eingesetzt habe. Im übrigen darf nicht übersehen werden, daß nach der Rechtsprechung der Obergerichte[21]) die NSDAP seit dem Ende März 1931 erfolgten Ausschluß des Hauptmanns S t e n n e s und seiner Anhänger nicht mehr als staatsfeindliche Partei angesehen wurde und den Beamten seitdem gemäß Art. 130 Abs. 2 RV der Erwerb der Mitgliedschaft der NSDAP unverwehrt war.

Auch die Tatsache, daß bei manchen Behörden die gleichen Aufgaben sowohl von Beamten als auch von Angestellten erledigt werden, reicht keinesfalls aus, um die Abschaffung des öffentlichen Beamten und seine Ersetzung durch den öffentlichen Angestellten auch nur einigermaßen überzeugend zu begründen. Die Erledigung der gleichen Aufgaben durch Beamte und Angestellte derselben Behörde ist gewiß ein offenbarer Mißstand, der jedoch lediglich auf einem falschen Einsatz des der Behörde überwiesenen Personals

---

21) Vgl. etwa OLG Frankfurt a. M. vom 2. 11. 1931 in ZBR Bd. 3, S. 279 Nr. 25.

beruht und durch zweckentsprechende klare Abgrenzung der den öffentlichen Beamten einerseits und den öffentlichen Angestellten andererseits zustehenden Stellen unschwer zu beheben ist, wie unter Ziff. V in diesem Paragraphen des näheren dargelegt werden wird[22]).

Es fällt endlich ins Gewicht, daß der „öffentliche Angestellte", den die Gegner des Berufsbeamtentums an die Stelle des „öffentlichen Beamten" treten lassen wollen, eine juristisch und staatspolitisch nicht tragbare Erscheinung ist. Man sollte meinen, daß es das Ziel der auf die Abschaffung des Berufsbeamtentums gerichteten Bestrebungen ist, den öffentlichen Dienst zu „entbürokratisieren", indem an die Stelle des „öffentlichen Beamten", der nach einem Sonderrecht mit strengen persönlichen Bindungen lebt, ein „öffentlicher Angestellter" gesetzt wird, der im wesentlichen dieselbe freie rechtliche Stellung hat wie ein Angestellter in der privaten Wirtschaft, der innerhalb seines Amtes nur beschränkten und außerhalb desselben überhaupt keinen persönlichen Bindungen unterliegt und dessen Arbeitsbedingungen und vermögensrechtlichen Belange auf Grund eines Tarifvertrages geregelt werden. Eine solche freie Stellung des „öffentlichen Angestellten" ist vom Standpunkt der Gegner des Berufsbeamtentums aber „mit den Erfordernissen der Verwaltung" unvereinbar. Das Dienstverhältnis, das zwischen dem öffentlichen Angestellten und seinem öffentlichen Dienstherrn zu begründen ist, soll zwar kein „öffentlichrechtliches" Dienstverhältnis wie das des seitherigen öffentlichen Beamten sein. Für den öffentlichen Dienstherrn soll gleichwohl aber innerhalb des Rahmens dieses Dienstverhältnisses dem öffentlichen Angestellten gegenüber eine aus der Staatsgewalt fließende, unbedingte dienstliche Befehlsgewalt, eine Dienststrafgewalt und eine Einstufungsgewalt bestehen. Der öffentliche Angestellte soll auch außerhalb seines Amtes weitgehenden persönlichen Bindungen unterliegen, seine Arbeitsbedingungen und seine vermögensrechtlichen Belange sollen vom öffentlichen Dienstherrn einseitig durch Gesetz (Besoldungsordnung) geregelt werden.

Daß eine solche Regelung der Rechtsstellung des öffentlichen Angestellten, juristisch und staatspolitisch betrachtet, durchaus unerwünscht ist, liegt auf der Hand. An die Stelle des öffentlichrechtlichen Dienstverhältnisses des seitherigen Beamten und des privatrechtlichen Dienstverhältnisses der seitherigen öffentlichen Angestellten soll ein aus privatrechtlichen und öffentlichrechtlichen Elementen gemischtes Dienstverhältnis gesetzt werden, innerhalb dessen die öffentlichrechtlichen Elemente

22) Bei folgerichtiger, energischer Durchführung des § 148 DBG hätte der in Rede stehende Mißstand heute übrigens längst beseitigt sein müssen.

offenbar überwiegen sollen[28]). An die Stelle der juristisch einheitlichen, klaren Typen des öffentlichen Beamten und des öffentlichen Angestellten soll der juristische Mischtyp eines neuen öffentlichen Bediensteten treten, der in der Praxis eine Fülle von Zweifels- und Streitfragen auslösen dürfte. Die rechtliche Sonderstellung des seitherigen Beamten soll zwar abgeschwächt, der seitherige Beamte insofern „entbürokratisiert", dafür aber die große Zahl der seitherigen öffentlichen Angestellten und mit ihr künftig die Gesamtheit aller öffentlichen Bediensteten in bedenklichem Maße „verbürokratisiert" werden. Unter diesen Umständen dürfte eine Lösung, die einerseits das Berufsbeamtentum in seiner bisherigen juristischen Gestalt beibehält und dessen Mitgliederzahl entsprechend den in diesem Paragraphen unter Ziff. V gemachten Vorschlägen erheblich vermindert, und andererseits den zahlenmäßig weit überwiegenden privaten Arbeitnehmern des Staates ihre ausschließlich im Privatrecht begründete, freie Stellung beläßt, die entschieden glücklichere sein.

V. Die Abgrenzung des Aufgabenbereiches des Beamtentums von dem des staatlichen Arbeitnehmertums.

Ist nach alledem einerseits ein dem seitherigen deutschen Berufsbeamtentum wesensmäßig entsprechendes Berufsbeamtentum im neuen deutschen demokratisch-parlamentarischen Staat beizubehalten, so sind doch andererseits zahlreiche öffentliche Aufgaben den auf privaten Dienstvertrag angestellten staatlichen Arbeitnehmern, den Behördenangestellten und Behördenarbeitern, zu übertragen. Es fragt sich, wie der Aufgabenbereich des Beamtentums von dem des privaten staatlichen Arbeitnehmertums abzugrenzen ist, welche Stellen innerhalb der staatlichen Organisation den Beamten, welche den privaten Arbeitnehmern des Staates vorzubehalten sind.

Wie im § 2 unter II, 1 dieser Abhandlung dargelegt worden ist, können nach der in Deutschland herrschenden, dem Wesen des modernen Staates entsprechenden Rechtsauffassung *obrigkeitliche* (*hoheitliche*) *Funktionen* des Staates nicht von Personen ausgeübt werden, die zum Staate in einem *privatrechtlichen* Dienstverhältnis, in einem *Arbeitsverhältnis* stehen. Die Ausübung obrigkeitlicher Funktionen als *dauernde Hauptbeschäftigung* ist, wie in dem bereits erwähnten,

28) Man will hier also über die im Falle des „Dienstordnungsangestellten" bei den sozialen Versicherungsträgern getroffene Regelung, wonach der Bedienstete anerkanntermaßen in einem *privatrechtlichen* Dienstverhältnis steht, weit hinausgehen.

früher geltenden Satz des Reichsgewohnheitsrechts treffend zum Ausdruck kam, ausschließlich B e a m t e n als staatlichen Organträgern vorbehalten. Danach müssen alle diejenigen Stellen im öffentlichen Dienst, welche die dauernde Wahrnehmung obrigkeitlicher Aufgaben als H a u p t b e s c h ä f t i g u n g in sich schließen, mit B e a m t e n besetzt werden. Mit Beamten sind ferner auch solche Stellen zu besetzen, welche zwar nicht die Wahrnehmung obrigkeitlicher Aufgaben zum Gegenstand haben, deren Bekleidung durch Beamte aber im Interesse der Staatssicherheit erforderlich ist. Alle übrigen Stellen im öffentlichen Dienst können dagegen staatlichen Arbeitnehmern, Behördenangestellten und Behördenarbeitern, überlassen werden. Nach der im § 148 DBG und früher bereits im § 1 BRAendG getroffenen Regelung m ü s s e n in diesen Stellen sogar staatliche Arbeitnehmer verwendet werden: „Stellen für Beamte dürfen nur eingerichtet werden, soweit sie die Wahrnehmung obrigkeitlicher Aufgaben in sich schließen oder aus Gründen der Staatssicherheit nicht von Angestellten oder Arbeitern versehen werden dürfen".

Darüber, welche Aufgaben einer einzelnen Stelle im öffentlichen Dienst, eines sog. „Dienstpostens", oder einer Behörde als „obrigkeitliche" anzusehen sind, ist weder im § 148 oder anderwärts im Deutschen Beamtengesetz noch im Beamtenrechtsänderungsgesetz Bestimmung getroffen. Im § 148 Abs. 1 Satz 2 DBG und im § 1 Abs. 1 Satz 2 BRAendG wird lediglich in negativer Hinsicht festgestellt, daß als obrigkeitliche Aufgaben nicht gelten Tätigkeiten, die sich ihrer Art nach von solchen des allgemeinen Wirtschaftslebens nicht unterscheiden, sowie Tätigkeiten im Verwaltungsdienst, die sich in mechanischen Hilfeleistungen, im Schreibdienst und in einfachen Büroarbeiten erschöpfen. Bei der Abgrenzung des Begriffes der „obrigkeitlichen" Aufgaben von Dienstposten und Behörden sind angesichts des Schweigens des Gesetzes die Grundsätze zu berücksichtigen, die das Reichsgericht bei der Anwendung jenes bekannten, von uns bereits erwähnten reichsgewohnheitsrechtlichen Satzes entwickelt hat, wonach ein beamtenrechtliches Verhältnis im staatsrechtlichen Sinne — ohne Rücksicht auf den Willen des öffentlichen Dienstherrn und des Bediensteten — lediglich dadurch begründet wurde, daß der öffentliche Dienstherr dem Bediensteten obrigkeitliche Aufgaben als dauernde Hauptbeschäftigung übertrug[24]). Als obrigkeitliche Aufgaben sind danach folgende Tätigkeiten anzusehen:

1. die Ausübung der staatlichen Befehls- und Zwangsgewalt;

[24]) Vgl. hierzu § 2 II, 1 dieser Abhandlung.

2. die Aufnahme öffentlicher Urkunden;
3. die Lehrtätigkeit an öffentlichen Unterrichtsanstalten;
4. die Wahrnehmung staatlicher Schutz- und Fürsorgeaufgaben, sofern der Bedienstete dabei durch verwaltungsmäßige Entscheidungen in die Lebensverhältnisse der von ihm zu betreuenden Personen selbständig unter eigener Verantwortung ordnend eingreift[25]).

Die Eigenschaft von obrigkeitlichen Aufgaben muß weiter auch solchen Staats- (öffentlichen) Aufgaben zuerkannt werden, die, wie namentlich die Staatstechnik[26]), von öffentlichen Behörden und den bei ihnen bediensteten Personen im Interesse der Volksgesamtheit und nicht nur im Selbstinteresse eines bestimmten Personenkreises erfüllt werden. Danach dürfen und müssen Stellen für Beamte auch bei öffentlichen Behörden mit staatstechnischen Aufgaben (ohne Befehls- und Zwangsgewalt) eingerichtet werden, und zwar nicht nur für Beamte des höheren technischen Dienstes, sondern auch für alle diejenigen Personen, die an der technischen Durchführung von Staatsaufgaben wesentlich, d. h. nicht nur mit mechanischen Funktionen beteiligt sind, z. B. für technische Sekretäre, Lokomotivführer oder Werkmeister[27]).

Steht bei Berücksichtigung der vorstehenden Grundsätze fest, daß die Behörde als solche obrigkeitliche Aufgaben zu erfüllen hat, so ist die Zulässigkeit und Notwendigkeit der Einrichtung von Beamtenstellen nicht dadurch bedingt, daß dem Stelleninhaber die tatsächliche oder rechtliche Entscheidungsgewalt in den von der Behörde zu bearbeitenden Angelegenheiten zusteht. Es genügt vielmehr die Mitwirkung des Stelleninhabers bei der Vorbereitung des Verwaltungsaktes, seine Teilnahme an der Willensformung, um das Vorliegen einer obrigkeitlichen Tätigkeit zu bejahen. „Der Beamte braucht nach außen als solcher nicht in Erscheinung zu treten, es genügt, daß er, wenn auch in untergeordneter Form, zum Zustandekommen des Staatswillens beiträgt[28])." Nicht erforderlich ist ferner, daß die gesamte Tätigkeit eines Beamten ausschließlich aus Dienstleistungen besteht, die den im § 148 Abs. 1

25) Näheres hierüber bei Heyland, Deutsches Beamtenrecht § 11 I, 2, S. 52.

26) Unter „Staatstechnik" ist zu verstehen die Anwendung technischer Kenntnisse in der staatlichen Verwaltung, z. B. auf dem Gebiete des Verkehrswesens (Eisenbahn- und Kraftfahrwesens) sowie des Bau- und Siedlungswesens. Vgl. hierzu auch Fischbach, DBG, 2. Aufl., Anm. I, 3 zu § 148 S. 1102.

27) Vgl. Fischbach in BJB 1936, S. 415 ff.; Heyland, a. a. O. § 13 II, 1, S. 75/76.

28) Vgl. Erlaß des R. u. Pr. M. d. I. v. 26. 2. 1935 in MBliV Nr. 10 u. Fischbach BJB 1935, S. 666.

Satz 1 DBG bezeichneten Anforderungen genügen. Die vorgenannte Vorschrift verlangt vielmehr nur, daß der dem Beamten zuzuweisende Geschäftskreis u. a. auch die Wahrnehmung obrigkeitlicher Aufgaben in dem oben entwickelten Sinne in sich schließt; es ist also ausreichend, daß obrigkeitliche Aufgaben einen festen und zugleich wesentlichen Bestandteil der Tätigkeit des Stelleninhabers bilden und von ihm nicht nur gelegentlich, nebenbei oder vertretungsweise wahrgenommen werden[29]).

Auch wenn das Tätigkeitsgebiet einer Behörde oder eines einzelnen Dienstpostens obrigkeitliche Aufgaben nicht in sich schließt, kann eine Beamtenstelle geschaffen werden, wenn die Staatssicherheit es erfordert. Dieser letztere Gesichtspunkt wird da ausschlaggebend sein, wo zwar überwiegend technische, mitunter sogar mechanische Verrichtungen wahrzunehmen sind, wo aber, wie etwa bei der Polizei, der Justiz, der Reichsbahn, der Reichspost oder im Auswärtigen Reichsdienst die Schlagkraft der Einrichtung oder die unbedingte Geheimhaltung der dienstlichen Vorgänge an die Treuepflicht und die Zuverlässigkeit des Bediensteten besondere Auforderungen stellen, für deren Erfüllung nur durch Anstellung im Beamtenverhältnis und die dadurch gegebene enge Verbundenheit des Bediensteten mit dem Staate eine Gewähr gegeben ist[30]).

Der in § 148 Abs. 1 DBG ebenso wie in § 1 Abs. 1 BRAendG enthaltene Rechtssatz, wonach Stellen im öffentlichen Dienst nur mit Beamten besetzt werden dürfen, soweit es sich um die Wahrnehmung obrigkeitlicher Aufgaben handelt, oder die Stellen aus Gründen der Staatssicherheit nicht von Angestellten oder Arbeitern versehen werden dürfen, ist in die Verfassung des neuen deutschen demokratisch-parlamentarischen Staates zu übernehmen. Die durch den vorgenannten Rechtssatz vorgenommene eindeutige Abgrenzung der innerhalb des öffentlichen Dienstes dem Berufsbeamtentum einerseits und dem staatlichen Arbeitnehmertum andererseits zustehenden Stellen entspricht nicht nur dem Wesen des modernen Staates, sondern trägt gleichzeitig auch den Belangen des öffentlichen Dienstherrn ebenso wie der Beamtenschaft und der staatlichen Arbeitnehmerschaft Rechnung. Der in Rede stehende Rechtssatz ermöglicht die Einrichtung von Beamtenstellen namentlich auch für die mittleren Beamten, insbesondere bei allen Hoheitsverwaltungen, und hilft dadurch, die Einrichtung des Berufsbeamtentums zu sichern. Die in § 148 Abs. 1 Satz 1 DBG und in § 1 BRAendG

---

29) Vgl. Nadler-Wittland-Ruppert, DBG Anm. 4 zu § 148, S. 1550.

30) Vgl. Fischbach in BJB 1935, S. 666.

getroffene Regelung bedeutet allerdings eine zahlenmäßig beträchtliche Einschränkung des Berufsbeamtentums zugunsten des staatlichen Arbeitnehmertums. Diese Beschränkung ist aber von höherer, staatspolitischer Warte aus gesehen unerläßlich. Nicht eine Masse, sondern nur eine Elite von Staatsbediensteten ist fähig und würdig, die dem Berufsbeamtentum in der modernen parlamentarischen Demokratie zugedachte hochbedeutsame Funktion eines neutralen Faktors im Staate auszuüben. Die Beschränkung der Beamtenzahl bietet aber eine Gewähr dafür, daß nur besonders leistungsfähige, charakterfeste Bewerber in das Berufsbeamtentum Eingang finden und daß das Berufsbeamtentum infolgedessen die aus staatspolitischen Gründen benötigte Elite der deutschen Staatsbediensteten bildet.

Soll der im § 148 Abs. 1 Satz 1 DBG und im § 1 Abs. 1 BRAendG enthaltene Rechtssatz zu einem Schutzwall für die Einrichtung des deutschen Berufsbeamtentums ausgestaltet werden, so ist er jedoch in der Weise zu ergänzen, daß Stellen im öffentlichen Dienst, soweit es sich um die dauernde Wahrnehmung obrigkeitlicher Aufgaben als Hauptbeschäftigung handelt, nicht nur mit Beamten besetzt werden dürfen, sondern mit Beamten besetzt werden müssen. Mit dieser Ergänzung wird der in Rede stehende Rechtssatz nicht nur die Einrichtung des deutschen Berufsbeamtentums, sondern mit ihr auch den Bestand eines im neuen deutschen demokratisch-parlamentarischen Staat unentbehrlichen neutralen Faktors und stabilen Verfassungselementes wirksam gewährleisten. Gegen die hier geforderte Ergänzung des in § 148 Abs. 1 Satz 1 DBG und in § 1 Abs. 1 BRAendG enthaltenen Rechtssatzes lassen sich auch vom Standpunkt der Verwaltung aus keine begründeten Bedenken ins Feld führen. Sie schließt nicht aus, daß obrigkeitliche Aufgaben ausnahmsweise auch von Angestellten wahrgenommen werden können. Das trifft einmal in allen den Fällen zu, in denen die Wahrnehmung obrigkeitlicher Aufgaben nicht die Hauptbeschäftigung des Bediensteten ist, ferner in allen den Fällen, in denen der Bedienstete obrigkeitliche Aufgaben zwar als Hauptbeschäftigung, aber nicht als dauernde Hauptbeschäftigung wahrzunehmen hat. Läßt sich etwa bei der Einrichtung eines neuen Verwaltungszweiges nach pflichtmäßigem Ermessen der zuständigen Behörde nicht übersehen, ob bestimmte Dienstposten, welche die Wahrnehmung obrigkeitlicher Aufgaben als Hauptbeschäftigung in sich schließen, auf die Dauer benötigt werden, so ist es hiernach also ohne weiteres zulässig, diese Dienstposten statt mit Beamten mit Angestellten zu besetzen. Damit ist aber den praktischen Bedürfnissen der Verwaltung unbedingt Genüge geschehen.

§ 4

Die staatsrechtliche und politische Stellung des Berufsbeamtentums im Weimarer Staat

Nachdem wir die grundsätzliche Frage, ob das Berufsbeamtentum als Rechtseinrichtung im neuen deutschen demokratisch-parlamentarischen Staat beizubehalten ist, eindeutig bejaht haben, ist zu prüfen, ob dem Berufsbeamtentum dort die gleiche staatsrechtliche und politische Stellung anzuweisen ist, die ihm im Weimarer Staat zuerkannt war. Zwecks Entscheidung dieser Frage ist zunächst die staatsrechtliche und politische Stellung des Berufsbeamtentums im Weimarer Staat darzulegen.

I. Die staatsrechtliche Stellung des Berufsbeamtentums im Weimarer Staat.

1. Die staatsrechtliche Stellung der Exekutive im Weimarer Staat.

Durch die Weimarer Reichsverfassung war im Deutschen Reich und in den deutschen Ländern das parlamentarische Regierungssystem eingeführt. Darunter ist ein Regierungssystem zu verstehen, bei dem der Volksvertretung nicht bloß eine Mitwirkung bei der Gesetzgebung und der Feststellung des Staatshaushaltsplans sowie die Kontrolle der Regierung hinsichtlich der Finanzverwaltung eingeräumt ist, sondern bei dem der Volksvertretung dadurch, daß kein Regierungsmitglied, das nicht ihr Vertrauen besitzt, sein Amt auszuüben vermag, gleichzeitig auch ein maßgebender Einfluß auf die Zusammensetzung der Regierung (im personellen Sinne) und deren gesamte Tätigkeit (Regierung im objektiven Sinne) zukommt[1]). Als übliche Mittel, die der Volksvertretung zur Beeinflussung der Regierungstätigkeit, der Exekutive, in einem ihr erwünschten Sinne zu Gebote stehen, kommen dabei aber ausschließlich politische Druckmittel, z. B. Interpellationen, tadelnde Resolutionen oder Mißtrauensvoten, in Betracht. Dagegen ist die Volksvertretung nicht befugt, durch Erteilung rechtlich bindender Dienstbefehle an die Minister oder an diesen untergeordnete Exekutiv-

1) Vgl. etwa Schelcher in Fischers Zeitschr. f. Verw. Bd. 54 (1922), S. 192; Heyland, Zur Lehre von der staatsrechtlichen Stellung der Reichsratsmitglieder (1927), S. 80.

organe in die Exekutive einzugreifen. Auch beim parlamentarischen Regierungssystem besteht staatsrechtlich ein Dualismus von Parlament und Regierung. „Parlamentarische Regierung bedeutet nicht Regierung des Parlaments in dem Sinne, daß dem Parlament die Exekutive zustände. Gesetzgebende und vollziehende Gewalt sind vielmehr auch in diesem System insoweit getrennt, als ein besonderes Organ, das Ministerium, für die Exekutive bestimmt ist[2])." Selbst in Frankreich, wo die Abhängigkeit der Exekutive vom Parlament eine besonders starke Ausprägung erfahren hat, greift eine rechtliche Abhängigkeit der Minister vom Parlament, und damit die Möglichkeit einer Bindung der Minister an dienstliche Befehle des Parlaments nicht Platz[3]). Die rechtliche Unabhängigkeit der Minister vom Parlament ergibt sich dabei aus der für das parlamentarische Regierungssystem charakteristischen Verantwortlichkeit, die den Ministern als Leitern der Exekutive nicht nur für die Recht-, sondern auch für die Zweckmäßigkeit ihrer Amtstätigkeit dem Parlament gegenüber auferlegt ist. Diese sog. politische Verantwortlichkeit der Minister hat nur dann einen Sinn, wenn diese in ihren Entschlüssen rechtlich frei und daher in der Lage sind, ungebunden an Dienstbefehle eines vorgesetzten Organs, auf eigene Hand tätig zu werden: „Dienstliche Gehorsamspflicht und verfassungsrechtliche Haftbarkeit schließen einander gegenseitig aus[4])."

Dementsprechend fand auch im Weimarer Staat anerkanntermaßen keine rechtliche Unterordnung der Reichsminister unter den Reichstag und der Landesminister unter den Landtag statt. Ein Antrag des Abg. Dr. Cohn, der hinter Art. 54 RV einen Art. 54 a mit der Bestimmung eingefügt wissen wollte, daß der Reichstag der Reichsregierung bindende Weisungen in Verwaltungssachen erteilen könne, wurde im Verfassungsausschuß der Weimarer Nationalversammlung allseitig abgelehnt, da er mit der in Art. 56 RV festgelegten politischen Verantwortlichkeit der Reichsminister unvereinbar sei[5]). Die Reichsregierung ebenso wie die Landesregierungen waren im Weimarer Staat selbständige politische Entscheidungsinstanzen. Sie zählten zu den unabhängigen, den sog. unmittelbaren Staatsorganen[6]).

---

2) Vgl. v. Blume im Hdb. d. Politik, 3. Aufl. Bd. I, S. 342; Lukas, Die organisatorischen Grundgedanken der neuen Reichsverfassung, S. 26.

3) Vgl. hierzu Redslob, Die parlamentarische Regierung, S. 138.

4) Vgl. Seydel-Piloty, Bayerisches Staatsrecht § 71, S. 334; Schanze, im Arch. Oeff. R. Bd. 42, S. 267; Heyland, a. a. O., S. 95.

5) Vgl. Prot. VA., S. 263/64.

6) Vgl. Köttgen, Berufsbeamtentum, S. 43, 97 u. im Hdb. d. Dt. StR. Bd. II § 61, S. 9; Heyland, a. a. O., S. 94 ff.

2. Das Berufsbeamtentum als Exekutivorgan im Reich und in den Ländern.

An der Spitze der Exekutive standen im Weimarer Reich nebeneinander zwei Reichsorgane: der Reichspräsident und die Reichsregierung, das sog. „Reichskabinett". Reichspräsident und Reichsregierung waren unabhängige, sog. unmittelbare Staatsorgane. Sie waren keinem höheren Organ unterworfen, von dem sie staatsrechtlich abhängig gewesen wären[7]). Die Gesamtheit der exekutiven Zuständigkeiten war von der Reichsverfassung zwischen den vorgenannten beiden Organen aufgeteilt. So bedeutsam die dem Reichspräsidenten zugewiesenen einzelnen Zuständigkeiten und die ihm zugedachte politische Rolle auch waren, so lag die Fülle der exekutiven Zuständigkeiten doch bei der Reichsregierung. Nicht dem Reichspräsidenten, sondern der Reichsregierung war nach dem Plan und dem Wortlaut der Reichsverfassung die Aufgabe zugedacht, die Nation zu „regieren"[8]).

Die Spitze der Exekutive war in den deutschen Ländern einköpfig, nicht wie im Reich zweiköpfig gestaltet. Oberstes Exekutivorgan war die Landesregierung, die als „Staatsministerium" oder „Gesamtministerium", in den Freien Städten als „Senat" bezeichnet wurde. Von der Einrichtung des Staatspräsidenten war in keinem deutschen Lande Gebrauch gemacht worden[9]). Daran änderte auch die Tatsache nichts, daß in Baden, Hessen und Württemberg der Präsident des Staatsministeriums die Amtsbezeichnung „Staatspräsident" führte.

Im Reich stand unter den mit der Leitung der Exekutive beauftragten, unabhängigen, unmittelbaren Reichsorganen, Reichspräsident und Reichsregierung, in den Ländern stand unter dem mit der Leitung der Exekutive beauftragten unabhängigen, unmittelbaren Staatsorgan, der Landesregierung, als weiteres Exekutivorgan, und zwar als abhängiges, sog. mittelbares Reichs- bzw. Staatsorgan, das Beamtentum, das im Reich aus den Reichsbeamten, in den Ländern aus den Landesbeamten zusammengesetzt war.

Die Geschäftsverteilung der Weimarer Reichsverfassung hatte zur Folge, daß der Reichspräsident als Vorgesetzter der Reichsbeamten praktisch im wesentlichen nur bei deren Ernennung und

7) Das galt auch für das Verhältnis zwischen Reichspräsident und Reichsregierung. Ein Anweisungsrecht des Reichspräsidenten gegenüber dem Reichskanzler und den Reichsministern bestand nicht. Reichskanzler und Reichsminister einerseits und Reichspräsident andererseits standen sich gleichberechtigt gegenüber. Vgl. Würmeling im Arch. Oeff. R. N. F. Bd. 11, S. 389; vgl. auch Thoma im Hdb. Dt. StR. Bd. I § 43, S. 509.

8) Vgl. Thoma, a. a. O., S. 503; Giese, RV 8. Aufl. Vorbem. 3a z. 3. Abschnitt, S. 123.

9) Vgl. Koellreutter im Hdb. Dt. StR. Bd. I § 13, S. 145 u. § 57, S. 667.

Entlassung in Erscheinung trat. Als Vorgesetzter der Reichsbeamten kam davon abgesehen im Zweifel immer nur die Reichsregierung, als Vorgesetzter der Landesbeamten ausschließlich die Landesregierung in Frage. Das Beamtentum hatte sonach im Reich ebenso wie in den Ländern normalerweise mit dem „Kabinett" zusammenzuarbeiten. Von ihm empfing es seine dienstlichen Weisungen[10]).

Dem Berufsbeamtentum lag als Bestandteil der Exekutive sowohl im Reich als auch in den Ländern die Hauptlast der Verwaltung ob. Den zum Berufsbeamtentum gehörigen Beamten stand dabei grundsätzlich keine eigene politische Entscheidungsgewalt zu, sie hatten lediglich die politischen Entscheidungen der Regierung auszuführen.

Kein Bestandteil der Exekutive waren die richterlichen Berufsbeamten. Entsprechend dem Grundsatz der Gewaltenteilung gehörten sie im Reich und in den Ländern dem Bereich der Rechtspflege an, und hatten deren Hauptlast zu tragen.

II. Die politische Stellung des Berufsbeamtentums im Weimarer Staat.

Bevor wir die politische Stellung des Berufsbeamtentums im Weimarer Staat untersuchen, ist zunächst die staatsrechtliche und politische Stellung des parlamentarischen Ministers im Weimarer Staat zu klären.

1. Die staatsrechtliche und politische Stellung des parlamentarischen Ministers im Weimarer Staat.

Nach der in England bestehenden, seit langem bewährten Tradition ist das Kabinett der Exekutivausschuß des Parlaments, genauer gesagt, der in dem Parlament jeweils herrschenden Parteien. Die englischen Minister sind besonders angesehene, einflußreiche Parteimitglieder, regelmäßig sogar die Parteiführer selbst. Mit Rücksicht auf die bedeutende Stellung, welche die englischen Minister innerhalb der sie in das Kabinett entsendenden Partei einnehmen, stehen sie nicht in einem politischen Subordinationsverhältnis zu ihrer Partei und zum Parlament, wie man in Deutschland vielfach angenommen hat. Die englischen Minister sind nicht lediglich „Diener" ihrer Partei und des Parlaments, welche die über ihren Kopf hinweg getroffenen politischen Entscheidungen der vorgenannten beiden Instanzen zu vollstrecken haben. Die englischen Minister sind dank ihrer überragenden Stellung innerhalb ihrer Partei viel-

10) Vgl. Köttgen, Hdb. Dt. StR. Bd. II § 61, S. 9.

mehr die Leiter sowohl ihrer Partei als auch des Parlamentes. Sie führen zwar in ihrem Amt in der Regel die von ihrer Partei und dem Parlament festgelegten politischen Richtlinien und Beschlüsse durch. Sind diese Richtlinien und Beschlüsse im Einzelfalle aber mit dem Gesamtwohl, mit dem Wohl der Nation, wie die Minister von höherer politischer Warte aus erkannt haben, unvereinbar, so pflegen die Minister vermöge ihres politischen Einflusses eine Abänderung der in Rede stehenden Richtlinien und Beschlüsse bei ihrer Partei und dem Parlament durchzusetzen. Die Minister pflegen in diesem Falle ihrer Partei und dem Parlament nicht zu gehorchen, sondern zu befehlen.

Der echte parlamentarische Minister englischen Vorbilds befindet sich danach, wie Köttgen[11]) zutreffend ausgeführt hat, in einer doppelten Organstellung. Er ist einmal Organträger der ihn in das Kabinett entsendenden Partei, gleichzeitig aber auch Organträger des Staates. Das Primäre ist dabei für den parlamentarischen Minister stets seine Stellung als Organträger der Partei. „Um seiner Stellung in der Partei willen erhält der Minister das Staatsamt, in dem er seine Partei zu vertreten hat. Der Ausgangspunkt des echten parlamentarischen Ministers ist immer die Partei. Seine gesamte Staatsauffassung erscheint daher gebrochen durch die Linse der politischen Partei. Sie ist der Mittler zwischen Minister und Staat[12])."

Der echte parlamentarische Minister ist kein „Beamter", sondern ein „staatlicher Funktionär eminent politischer Art". Er steht nicht zum Staate in einem auf die Verwaltung eines Amtes gerichteten öffentlichrechtlichen Dienst- und Treueverhältnis, auf Grund dessen er, wie der Beamte, seine Dienste regelmäßig in Unterordnung unter ein anderes, ein vorgesetztes Organ zu leisten hat. Zwischen dem echten parlamentarischen Minister und dem Staat ist vielmehr ein Amtsverhältnis eigener Art begründet.

Die Väter der Weimarer Reichsverfassung haben sich nicht dazu entschließen können, das Reichskabinett zum Exekutivausschuß des Reichstages zu machen und dementsprechend den Typ des parlamentarischen Reichsministers nach englischem Vorbild einzuführen. Bei den Beratungen der Nationalversammlung über die Stellung der Reichsminister bestand bis weit in die Reihen der Weimarer Koalition eine entschiedene Abneigung gegen die Auslieferung der gesamten Exekutive an die politischen Parteien nach englischem Muster. Die Nationalversammlung schuf statt des eng-

11) Vgl. Berufsbeamtentum, S. 58.
12) Vgl. Köttgen, a. a. O.

lischen Typs einen Typ des parlamentarischen Reichsministers, der „Reichsbeamter" war und dementsprechend nach der für alle deutschen Beamten geltenden Regel des Art. 130 Abs. 1 RV „Diener der Gesamtheit, nicht einer Partei" sein sollte. Die Uebernahme des englischen Ministertyps in die Reichsverfassung und die damit verbundene Verstärkung des unmittelbaren parlamentarischen Einflusses auf die Exekutive würde für die Nationalversammlung nur dann tragbar gewesen sein, wenn gleichzeitig die Stellung des Reichspräsidenten eine entsprechende Verstärkung erhalten haben würde. Da man dies jedoch nicht weniger ablehnte als eine völlige Uebergabe des Staates an die Parteien, schien die „beamtenmäßige" Lösung des Reichsministerproblems der einzige gangbare Ausweg zu sein[13]).

Die Einführung „beamteter", parlamentarischer Reichsminister in Verbindung mit der Vorschrift des Art. 130 Abs. 1 RV vermochte aber doch auf die Dauer die Parteien nicht von der Reichsexekutive fernzuhalten. Der „Beamtenminister", der zwar über ausgezeichnete Ressortkenntnisse, aber über keinen Anhang und Einfluß im Reichstag verfügte, wurde zur Ausnahmeerscheinung. Die Regel bildete der aus den Reihen der Partei hervorgegangene Minister, der sog. „Parteiminister". Als der Parteiminister immer mehr in das Reichskabinett eindrang und infolgedessen die Frage seines Pensionsrechts und seiner Versorgungsbezüge immer dringlicher wurde, erging das Reichsgesetz über die Rechtsverhältnisse des Reichskanzlers und der Reichsminister, das Reichsministergesetz vom 27. März 1930 (RGBl. I S. 96). Durch dieses Gesetz wurden die Reichsminister aus ihrem seitherigen öffentlichrechtlichen Dienst- und Treueverhältnis als Reichsbeamte herausgenommen. Es wurde zwischen ihnen und dem Reich ein öffentlichrechtliches Amtsverhältnis eigener Art begründet, dessen Rechte, Pflichten und Grenzen durch das Reichsministergesetz festgelegt waren[14]).

War einerseits zu begrüßen, daß in immer stärkerem Maße Parteipolitiker die Ministersitze einnahmen, so blieb doch andererseits zu beanstanden, daß nicht nach englischem Muster der einzelne Parteiführer Minister und der Führer der stärksten Partei innerhalb der Koalition im Regelfalle Ministerpräsident wurde. Es entwickelte sich gerade im Gegenteil die Auffassung, daß der Parteiführer grundsätzlich nicht gleichzeitig Minister sein könnte. So trat seinerzeit der Reichsaußenminister Dr. Stresemann von seiner Stellung als Führer der Deutschen Volkspartei mit Rücksicht auf sein

---

13) Vgl. Köttgen, Berufbeamtentum, S. 52/53.

14) Vgl. hierzu Jacques Abraham in ZBR Bd. 2, S. 163 ff.

Ministeramt zurück, und umgekehrt vertauschte der Reichskanzler Dr. Marx sein Ministeramt mit der Leitung der Zentrumspartei, um allerdings später trotzdem wieder einen Sitz im Reichskabinett zu übernehmen[15]). Die Parteien entsandten statt ihrer Führer oder anderer innerhalb der Fraktion besonders angesehener und einflußreicher Mitglieder vielfach Persönlichkeiten kleineren Formates in das Reichskabinett, die sie nach Belieben jederzeit wieder fallen lassen konnten. Es bestand infolgedessen nicht die Möglichkeit, daß in kritischen Situationen die Reichsregierung den Parteien befahl und dabei, sofern das Gesamtwohl das dringend erforderte, auch einmal ein Abweichen der Parteien von einzelnen Punkten ihres für sie sonst unverbrüchlichen Programmes erzwang. Auch fehlte der Exekutive ein mächtiger Schützer aus den Reihen des Parlaments, der ihr dessen unbedingte politische Gefolgschaft wirksam hätte sichern können[16]).

Aehnlich wie im Reich entwickelte sich die staatsrechtliche und politische Stellung des parlamentarischen Ministers auch in den einzelnen deutschen Ländern. Mit Ausnahme von Bayern war den Landesministern allenthalben Beamteneigenschaft zuerkannt. Die Landesminister waren Landesbeamte und als solche nach der Vorschrift des Art. 130 Abs. 1 RV „Diener der Gesamtheit, nicht einer Partei"[17]). Nur in Bayern waren die Minister „staatliche Funktionäre eigener Art", deren rechtliche Stellung im § 60 VU besonders geregelt war[18]). Wie im Reich, so setzte sich auch in den Ländern trotz der den Ministern zugewiesenen „beamtenmäßigen" Stellung der Typ des „Parteiministers" immer mehr durch und verdrängte auch hier den Typ des „Beamtenministers". Die Exekutive der Länder ging auf diese Weise in steigendem Maße auf die politischen Parteien über. Bemerkenswert war, daß auch hier die durch das englische Vorbild gebotene Vereinigung der Aemter des Ministers und Parteiführers grundsätzlich nicht vollzogen wurde.

2. Der politische Dualismus zwischen Kabinett und Berufsbeamtentum im Weimarer Staat.

Der von der Weimarer Reichsverfassung ebenso wie von den einzelnen Landesverfassungen unternommene Versuch, die parlamentarischen Minister zu „parteipolitisch neutralisierten Staatsbeamten" zu stempeln, ist durch das Eindringen des „Parteiministers" in die Kabinette auf der ganzen Linie mißglückt. Der vorgenannte

15) Vgl. Köttgen, Berufsbeamtentum, S. 95 Anm. 1.

16) Vgl. Köttgen, Berufsbeamtentum, S. 95. Aehnlich auch Nawiasky, „Die Stellung der Regierung im modernen Staat" (1925), S. 11.

17) Vgl. etwa Giese, Deutsches Staatsrecht (1932) § 32 III, S. 200; Köttgen im Hdb. Dt. StR. Bd. II § 69 I, 1a, S. 93.

18) Vgl. Nawiasky, Bayerisches Verfassungsrecht (1923) § 32 Ziff. 1, S. 232.

Versuch mußte notwendigerweise auch scheitern, da die Einrichtung eines solchen parlamentarischen Ministers in offenbarem Widerspruch zu dem innersten Wesen des parlamentarischen Regierungssystems stand und sie sich infolgedessen in der Praxis des staatlichen Lebens nicht durchsetzen und entfalten konnte. Der parlamentarische Minister ist kein parteipolitisch neutralisierter Staatsbeamter, sondern ein staatlicher Funktionär eigener, und zwar eminent politischer Art.

Ein nach der bereits mehrfach erwähnten Vorschrift des Art. 130 Abs. 1 RV parteipolitisch neutralisiertes Berufsbeamtentum ist demgegenüber keine, dem Wesen der modernen parlamentarischen Demokratie widersprechende, im Rahmen des parlamentarischen Regierungssystems praktisch unbrauchbare Einrichtung. Wie die Erfahrung zeigt, ist vielmehr eine geordnete Staatsverwaltung in parlamentarisch regierten Staaten immer nur dort möglich gewesen, wo die von der Weimarer Reichsverfassung angeordnete Trennung von Partei und Berufsbeamtentum streng durchgeführt wurde. Dementsprechend ist denn auch die parteipolitische Neutralisierung des Berufsbeamtentums vor allem in den beiden großen westlichen parlamentarischen Demokratien, in England und Frankreich, seit langem verfassungsrechtlich festgelegt[19]).

Nach Art. 130 Abs. 1 RV waren alle deutschen Beamten „Diener der Gesamtheit, nicht einer Partei". Die deutschen Beamten sollten danach, sofern sie im Rahmen ihrer amtlichen Tätigkeit politische Erwägungen anzustellen oder ausnahmsweise politische Entscheidungen zu treffen hatten, sich nicht wie der parlamentarische Minister von parteipolitischen Bindungen, sondern sich ausschließlich von der Rücksicht auf das Wohl der über den politischen Parteien stehenden „Gesamtheit" leiten lassen[20]). Den deutschen Beamten war sonach zur Pflicht gemacht, die vom Gesetzgeber erlassenen Vorschriften objektiv, d. h. unbeeinflußt durch parteipolitische Erwägungen, auszulegen und anzuwenden und damit der Idee der Gerechtigkeit und der Ordnung, der die Verwaltung und Rechtspflege des Staates in gleicher Weise zu dienen haben, zum Durchbruch zu verhelfen.

Durch die in Art. 130 Abs. 1 RV angeordnete parteipolitische Neutralisierung war der deutsche Beamte ausdrücklich im Gegensatz

19) Vgl. Köttgen, Berufsbeamtentum, S. 57 ff., 160 ff., 213 ff. In den Vereinigten Staaten von Amerika ist ebenfalls die parteipolitische Neutralisierung des Berufsbeamtentums, des civil service, geltendes Recht. Vgl. Köttgen, a. a. O., S. 189. Doch sind die Vereinigten Staaten hier nur nebenbei zu erwähnen, da sie als sog. Präsidentschaftsrepublik nicht zu den parlamentarisch regierten demokratischen Staaten zählen.

20) Vgl. hierzu die tiefdringenden Ausführungen von Köttgen, Berufsbeamtentum, S. 58-78.

zu der Partei, zu dem aus ihr hervorgegangenen Minister, dem Parteiminister, und zu dem aus Parteiministern zusammengesetzten Kabinett gestellt, zwischen Kabinett und Beamtentum war ein innerer Gegensatz geschaffen worden. Die Exekutive im Reich ebenso wie in den deutschen Ländern war, wie namentlich Köttgen[21]) eindringlich betont hat, in zwei einander wesensfremde Bestandteile zerspalten: in das aus parteipolitisch gebundenen Funktionären zusammengesetzte Kabinett und das aus parteipolitisch neutralisierten Funktionären zusammengesetzte Berufsbeamtentum. Die Exekutivverfassung des Reiches und der deutschen Länder enthielt somit zwei staatsrechtlich und politisch durchaus heterogene Elemente: ein unabhängiges, sog. unmittelbares, politisches Staatsorgan, das Kabinett, und ein abhängiges, sog. mittelbares, unpolitisches Staatsorgan, das Berufsbeamtentum. Die Exekutivverfassung des deutschen demokratisch-parlamentarischen Staates unterschied sich danach grundlegend von der Exekutivverfassung des deutschen monarchischen Staates, für den eine innerlich und äußerlich geschlossene Einheit der Exekutive kennzeichnend war. Im deutschen monarchischen Staat lag die Führung der Exekutive ausschließlich in der Hand des Monarchen. Alle übrigen innerhalb des Bereichs der Exekutive tätigen Personen waren parteipolitisch neutralisierte „Beamte", die von den Staatsministern bis zum letzten Subalternbeamten herab den Anordnungen des Monarchen unterworfen waren und dessen Dienstbefehle auszuführen hatten. An dieser Stellung des Monarchen zu seinen Ministern war auch durch die Einführung der kontrasignaturmäßigen Ministerveranwortlichkeit nichts geändert worden. Auch der staatsrechtlich verantwortliche Minister blieb uneingeschränkt, ebenso wie jeder nachgeordnete Beamte, an die Weisungen der Krone gebunden. Glaubte der Minister eine Anordnung des Monarchen nicht gegenzeichnen und ausführen zu können, so blieb ihm lediglich die Möglichkeit, den Monarchen um seine Entlassung aus dem Ministeramt zu bitten[22]). Der durch die Vorschrift des Art. 130 Abs. 1 RV innerhalb der Exekutive des deutschen parlamentarischen Staates geschaffene Riß war durch die in Art. 129 RV proklamierte Unabsetzbarkeit des Berufsbeamten noch vergrößert worden: Die labile Exekutivspitze des auf Grund eines Mißtrauensvotums jederzeit abberufbaren Kabinetts hatte in einem lebenslänglich angestellten, unabsetzbaren Berufsbeamtentum ein stabiles Fundament erhalten.

Dem Berufsbeamtentum war durch diese scharfe Kontrastierung mit dem ihm vorgesetzten Kabinett von der Weimarer Reichsver-

21) Vgl. Berufsbeamtentum, S. 47 ff., 57 ff. sowie Hdb. Dt. StR. Bd. II § 61, S. 10.
22) Vgl. Köttgen, a. a. O., S. 18/19.

fassung im deutschen demokratisch-parlamentarischen Staat eine Selbständigkeit zuerkannt worden, die ihm im deutschen monarchischen Staat mit seiner staatsrechtlich und politisch einheitlich geformten Exekutive gefehlt hatte[23]). Es fragt sich, aus welchem Grunde die Weimarer Reichsverfassung den hier festgestellten Dualismus zwischen dem Berufsbeamtentum einerseits und dem Kabinett sowie den in ihm vertretenen Parteien andererseits geschaffen und dabei das Berufsbeamtentum zu einem selbständigen Faktor innerhalb der staatlichen Organisation ausgestaltet hatte.

Der Grund für die hier in Rede stehende Regelung ist von den Vätern der Weimarer Reichsverfassung allerdings weder bei den Verhandlungen im Verfassungsausschuß noch bei den Verhandlungen im Plenum der Nationalversammlung klar und bestimmt zum Ausdruck gebracht worden. Beamtenrechtliche Vorschriften waren in dem Regierungsentwurf zur Weimarer Reichsverfassung ursprünglich ebensowenig wie in der Bismarck'schen Reichsverfassung enthalten. Die einschlägigen Ausführungen, die der Staatssekretär Preuß anläßlich der nachträglichen Aufnahme derartiger Vorschriften in den Regierungsentwurf machte, ebenso wie die Verhandlungen im Verfassungsausschuß und im Plenum der Nationalversammlung lassen darauf schließen[24]), daß ihm und in gleicher Weise wohl der Mehrzahl der Beteiligten die grundlegende Veränderung der staatsrechtlichen Stellung des Berufsbeamtentums im deutschen demokratisch-parlamentarischen Staat und die sich aus ihr ergebenden verfassungsrechtlichen Möglichkeiten und Notwendigkeiten keineswegs voll gegenwärtig gewesen sind[25]). Die mannigfachen Garantien, mit denen die Weimarer Reichsverfassung das Berufsbeamtentum umgeben hat, wie die Anstellung auf Lebenszeit, die justizförmige Ausgestaltung des Dienststrafverfahrens und der Schutz der subjektiven Beamtenrechte, sind ursprünglich offenbar in erster Linie im Interesse des einzelnen Beamten in den Text der Reichsverfassung aufgenommen worden. Das beweist allein schon die Behandlung des Beamtenproblems in dem von der Reichsverfassung aufgestellten Grundrechtskatalog[26]). Der wahre Grund, aus dem der Verfassungsgesetzgeber das Berufsbeamtentum gegenüber dem Kabinett und den politischen Parteien verselbständigt hat, ist trotzdem aber unverkennbar: Durch die Distanzierung des Berufsbeamtentums von dem Kabinett und den politischen Parteien, die durch die parteipolitische Neutralisierung ebenso wie durch die

23) Vgl. Köttgen, Berufsbeamtentum, S. 48.

24) Vgl. Verhandlungen der verfassunggebenden Nationalversammlung, 59. Sitzung, Bd. 328, S. 1632.

25) Vgl. Köttgen im Hdb. Dt. StR. Bd. II § 61, S. 12.

26) Vgl. Köttgen, a. a. O., S. 12.

lebenslängliche Anstellung der Berufsbeamten und die Garantie einer justizförmigen Regelung des Dienststrafverfahrens bewirkt wurde, sollte das Berufsbeamtentum zum „neutralen Faktor" innerhalb der staatlichen Organisation ausgestaltet werden, der neben dem Reichspräsidenten als Gegengewicht gegen ein übermächtiges Parlament und als stabiles Verfassungselement, namentlich während der Zeit parlamentarischer Krisen, in dem deutschen demokratisch-parlamentarischen Staat als unentbehrlich erachtet wurde.

III. Die rechtlichen Sicherungen der Funktion des Berufsbeamtentums als neutralen Faktors im Weimarer Staat.

Um die dem Berufsbeamtentum von der Weimarer Reichsverfassung zugedachte Funktion als neutraler Faktor innerhalb des deutschen demokratisch-parlamentarischen Staates zu sichern, mußte einmal die Einrichtung des Berufsbeamtentums als solche gewährleistet und dem so gewährleisteten Berufsbeamtentum ein bestimmter Aufgabenbereich vorbehalten werden. Es waren ferner rechtliche Maßnahmen erforderlich, mit dem Ziel, einerseits die politischen Parteien von dem Beamten und andererseits den Beamten von den politischen Parteien fernzuhalten.

1. Die Gewährleistung der Einrichtung des Berufsbeamtentums in der Weimarer Reichsverfassung.

Eine Gewährleistung der Einrichtung des Berufsbeamtentums im Deutschen Reich und in den deutschen Ländern war in der Weimarer Reichsverfassung ausdrücklich nicht erfolgt. Sie ergab sich aber, wie zuerst Carl Schmitt in seiner Lehre von den „Institutionellen Garantien" überzeugend dargelegt hat[27]), aus den mannigfachen persönlichen Sicherungen, welche die Weimarer Reichsverfassung in ihren Art. 128—130 im Interesse des einzelnen Beamten geschaffen hatte. Indem die Weimarer Reichsverfassung den Grundsatz der lebenslänglichen Anstellung der Beamten anerkannte, indem sie die Entfernung des Beamten aus seinem Amt und seinem Beamtenverhältnis an bestimmte gesetzliche Voraussetzungen knüpfte, und die justizförmige Gestaltung des Disziplinarverfahrens vorschrieb, indem sie sämtliche sog. wohlerworbenen Rechte der Beamten unter ihren besonderen Schutz stellte und für die Geltendmachung sämtlicher vermögensrechtlichen Ansprüche der Beamten den Rechtsweg vor den ordentlichen Gerichten eröffnete, gewähr-

27) Vgl. Verfassungslehre (1928), S. 170 ff., insbes. S. 172 u. im Hdb. Dt. StR. Bd. II § 101, S. 595.

leistete sie mittelbar die Einrichtung des deutschen Berufsbeamtentums als solchen.

2. Kein rechtsverbindlicher Vorbehalt des Aufgabenbereichs für das Berufsbeamtentum.

Die Weimarer Reichsverfassung hatte dagegen dem von ihr so als Einrichtung gewährleisteten Berufsbeamtentum keinen bestimmten Aufgabenbereich rechtsverbindlich vorbehalten. Die öffentlich-rechtlichen Dienstherren waren daher reichsverfassungsrechtlich nicht verpflichtet, gewisse Dienstposten mit Beamten zu besetzen. Ihnen stand vielmehr frei, die einzelnen Dienstposten statt Beamten staatlichen Arbeitnehmern, Behördenangestellten und Behördenarbeitern, zu übertragen. Von der danach bestehenden Möglichkeit einer unbeschränkten Beschäftigung staatlicher Arbeitnehmer haben die öffentlichen Dienstherren im Weimarer Staat bekantlich in weitem Umfang Gebrauch gemacht.

3. Die rechtlichen Maßnahmen zur Fernhaltung der Parteien von dem Berufsbeamtentum.

Im modernen Parteienstaat mit seinem Kampf der Parteien um die Herrschaft im Staat ist das Streben aller Parteien, vornehmlich der an der Macht befindlichen Parteien, darauf gerichtet, Einfluß auf die Beamtenschaft und dadurch auf die Verwaltung und Rechtsprechung des Staates zu gewinnen. Um diesen Bestrebungen der Parteien wirksam entgegenzutreten, genügt nicht allein eine dem Art. 130 Abs. 1 RV entsprechende Proklamation des Verfassungsgesetzgebers, wodurch die Beamten zu „Dienern der Gesamtheit, nicht einer Partei" erklärt und damit zu parteipolitischer Neutralität verpflichtet werden. Soll das von der Verfassung gewollte Spannungsverhältnis zwischen Berufsbeamtentum und Partei aufrechterhalten bleiben, und dementsprechend dem Berufsbeamtentum die Erfüllung seiner Funktion als neutraler Faktor im Staate gewährleistet werden, so bedarf es weiterer konkreter rechtlicher Sicherungen, die dem Schutze der Beamtenschaft vor der Partei dienen. Andernfalls besteht bei der verschiedenartigen politischen Stoßkraft der beiden Antipoden die Gefahr, daß die Partei als der politisch ungleich stärkere Antipode sich letzten Endes die Beamtenschaft unterwirft und sie aus einem neutralen zu einem parteipolitischen Faktor macht.

Unter den weiteren, konkreten rechtlichen Maßnahmen, welche die Weimarer Reichsverfassung zur Sicherung des Berufsbeamtentums vor den Parteien getroffen hatte, war namentlich die in Art. 129

Abs. 1 Satz 1 vorgeschriebene Anstellung der Beamten auf Lebenszeit bedeutsam. In engem Zusammenhang damit stand einmal die Regelung des Art. 129 Abs. 2, wonach die Beamten nur unter den gesetzlich bestimmten Voraussetzungen und Formen vorläufig ihres Amtes enthoben, einstweilen oder endgültig in den Ruhestand oder in ein anderes Amt mit geringerem Gehalt versetzt werden konnten, ferner die in Art. 129 Abs. 3 angeordnete justizförmige Gestaltung des Dienststrafverfahrens: gegen jedes dienstliche Straferkenntnis mußte ein Beschwerdeweg und die Möglichkeit eines Dienststrafverfahrens eröffnet sein. Alle subjektiven, sog. wohlerworbenen Rechte der Beamten aus ihrem Beamtenverhältnis waren durch Art. 129 Abs. 1 Satz 3 als unverletzlich erklärt, konnten also nur durch verfassungsänderndes Reichsgesetz aufgehoben oder inhaltlich geschmälert werden. Für die Geltendmachung aller vermögensrechtlichen Ansprüche der Beamten stand nach Art. 129 Abs. 1 Satz 4 RV der Rechtsweg vor den ordentlichen Gerichten offen.

Durch die Anstellung der Beamten auf Lebenszeit, durch den Schutz des Beamten vor vorzeitiger Entfernung aus seinem Amt und seinem Beamtenverhältnis sowie durch den justizförmigen Charakter des Dienststrafverfahrens wollte die Weimarer Reichsverfassung der sog. Parteipatronage nachdrücklich entgegentreten. Es sollte verhindert werden, daß die Parteien mit Hilfe des Ressortministers oder des Kabinetts als oberster Personalverwaltungsbehörde ihnen politisch nicht genehme Beamte beseitigen und deren Dienstposten durch ihre Anhänger, insbesondere durch Parteimitglieder oder Parteifreunde, besetzen ließen. Dadurch, daß die Weimarer Reichsverfassung alle subjektiven Rechte der Beamten unter ihren besonderen Schutz stellte, wollte sie verhüten, daß die im Parlament herrschenden Parteien die vorgenannten Rechte mittels einfacher Reichsgesetze, Landesgesetze oder Verwaltungsakte des ihnen willfährigen Kabinetts beeinträchtigten und sich das Berufsbeamtentum durch diesen Druck gefügig zu machen versuchten.

Die hier erwähnten rechtlichen Sicherungen reichten aber unstreitig nicht aus, um den Einfluß der Parteien auf die Beamtenpersonalpolitik und damit auf die Beamtenschaft auszuschalten.

Das Anstellungs- und Beförderungswesen lag im Reich und in den Ländern in der Hand des Ressortministers oder des Kabinetts, die beide keine Gewähr dafür boten, daß parteipolitischen Einflüssen auf die Beamten-Personalpolitik unter allen Umständen der erforderliche Widerstand entgegengesetzt wurde[28]). Das Anstel-

28) Vgl. Köttgen, Hdb. Dt. StR. Bd. II § 61, S. 14.

lungswesen und das eng mit ihm zusammenhängende Prüfungswesen waren nur zum kleinen Teil gesetzlich geregelt[29]). Die Anstellung der Beamten erfolgte nach Art. 129 Abs. 1 Satz 1 RV auf Lebenszeit nur, „soweit nicht durch Gesetz ein anderes bestimmt war". Nach dem Stand der einschlägigen Gesetzgebung war die Entscheidung darüber, ob ein Beamter auf Widerruf, auf Kündigung oder auf Lebenszeit anzustellen war, aber meist dem Ermessen der Anstellungsbehörde überlassen[30]). Infolge der unzulänglichen gesetzlichen Regelung des Anstellungs-, Prüfungs- und Beförderungswesens war im Weimarer Staat für Uebergriffe der Parteien auf dem Gebiet der Beamten-Personalpolitik Tür und Tor geöffnet. Derartige Uebergriffe waren in der Praxis anerkanntermaßen denn auch keine Seltenheit.

4. Keine rechtlichen Maßnahmen zur Fernhaltung des Berufsbeamtentums von den Parteien.

Es erhebt sich nunmehr die weitere Frage, ob die Weimarer Reichsverfassung zwecks Gewährleistung der neutralen Stellung des Berufsbeamtentums im deutschen demokratisch-parlamentarischen Staate auch rechtliche Maßnahmen getroffen hatte, um den Beamten seinerseits von den politischen Parteien fernzuhalten. Die Frage ist zu verneinen. Die Weimarer Reichsverfassung hatte nicht nur keine Maßnahmen der in Rede stehenden Art ergriffen, sondern hatte im Gegenteil dem Beamten den Weg in die politischen Parteien uneingeschränkt freigegeben. Durch Art. 118 Abs. 1 in Verbindung mit Art. 130 Abs. 2 RV war dem Beamten die Freiheit der politischen Betätigung außerhalb seines Amtes gewährleistet. Der Beamte durfte sich danach außerhalb seines Amtes zu jeder politischen Partei, sogar zu jeder staatsfeindlichen Partei, durch Mitgliedschaft, Zahlung von Mitgliederbeiträgen an die Parteikasse sowie durch Stimmabgabe bei Wahlen, Volksbegehren und Volksentscheiden bekennen. Dem Beamten war es ferner unverwehrt, sich außerhalb seines Amtes für jede nicht staatsfeindliche Partei als Versammlungsredner, Schriftsteller oder durch Mitarbeit in deren inneren Organisation aktiv einzusetzen[31]). Nur hatte der Beamte bei seiner gesamten politischen Betätigung, sofern sie nach dem Vorigen rechtlich zulässig war, sich einer ruhigen, der Würde eines Staatsdieners entsprechenden Sachlichkeit zu befleißigen und sich von persönlicher

---

29) Vgl. hierzu etwa für Preußen Brand, Das Beamtenrecht, 3. Aufl. § 24, S. 91 ff.

30) Vgl. hierzu etwa für Preußen Brand, a. a. O. § 9, S. 38 ff.

31) Vgl. Giese, RV, 8. Aufl., Anm. 2 zu Art. 130, S. 279; Pr. OVG 77, 494; 78, 455.

Gehässigkeit, die das allgemeine Vertrauen in seine unparteiische und gerechte Amtsführung hätte erschüttern können, fernzuhalten[32]).

Die in Art. 118 Abs. 1 in Verbindung mit Art. 130 Abs. 2 RV erfolgte Regelung der politischen Stellung des Beamten führte aber, wie sich etwa gelegentlich der Teilnahme von Beamten an dem Volksbegehren für das sog. Freiheitsgesetz zeigte[33]), in der Praxis zu mißlichen Konsequenzen: die dienstlichen Pflichten gerieten mit den grundsätzlich uneingeschränkten politischen Rechten, die Dienstzucht mit der Freiheit politischer Betätigung in Widerspruch. Politische Spannungen zwischen dem öffentlichen Dienstherrn und seinen Beamten waren unter diesen Umständen an der Tagesordnung. Der öffentliche Dienstherr und seine Beamten standen sich nur allzu oft als Träger entgegengesetzter politischer Interessen gegenüber[34]).

Da weder in der Weimarer Reichsverfassung noch in den einzelnen deutschen Landesverfassungen eine sog. parlamentarische Inkompatibilität für Beamte festgelegt war, stand einer Abgeordnetentätigkeit von Beamten im Weimarer Staat rechtlich nichts entgegen. Nachdem die Frage, ob in Deutschland die Beamten von der Parlamentstätigkeit auszuschließen seien, um die Mitte des 19. Jahrhunderts, und zwar namentlich bei den Debatten in dem verfassunggebenden Reichstag des Norddeutschen Bundes, endgültig verneinend entschieden worden war[35]), wurde die Uebernahme von Abgeordnetenmandaten durch Beamte, wie schon im deutschen monarchischen Staat, so auch im Weimarer Staat als durchaus unproblematisch betrachtet. Obwohl die Weimarer Reichsverfassung auf der einen Seite durch Art. 129 u. 130 Abs. 1 dem Berufsbeamtentum die Stellung eines neutralen Faktors im deutschen demokratisch-parlamentarischen Staat zugedacht hatte und sie dementsprechend das Berufsbeamtentum um dieser seiner neutralen Funktion willen vom Parlament hätte fernhalten müssen, begünstigte sie auf der andern Seite in unlöslichem Widerspruch hierzu den Zutritt der Beamten zum Parlament in stärkstem Grade. Niemand konnte so leicht bereit sein, ein Abgeordnetenmandat zu übernehmen und fuhr dabei so günstig wie der Beamte[36]). Dem Beamten war durch Art. 39 Abs. 1 RV

---

32) Vgl. etwa Pr. OVG 82, 458; Pr. OVG in Reichs- u. Preuß. Verw.-Bl. 49, 1036; Preuß. Disz. H. f. d. nichtrichterl. Beamte ebendort 432, 462; KG in ZBR 1, 156; RDiszH. bei Schulze-Simons, Rechtsspr. RDiszH., S. 200; Brand bei v. Brauchitsch-Drews-Lassar, Verwaltungsgesetze für Preußen, Bd. VIII, S. 127; Klüwer im Verw.Arch. 31, 176.

33) Vgl. hierzu die Entsch. d. StGH. f. d. Dt. Reich v. 19. 12. 1929 in RGZ 127 Anh., S. 1 ff., insbes. S. 18 ff

34) Vgl. Wittland, RDStO Anhang zu § 1 Anm. 26, S. 170.

35) Vgl. Materialien Bd. II, S. 7 ff., 17 ff., 23, 34 ff., 38, 56 ff., 65.

36) Vgl. Werner Weber im Arch. Oeff. R. N. F. Bd. 19, S. 231.

zur Ausübung des Amtes als Mitglied des Reichstages oder eines Landtages von Gesetzes wegen Urlaub erteilt. Der Beamte brauchte seiner vorgesetzten Dienstbehörde bloß Anzeige zu erstatten, daß er für gewisse Zeit seinen Dienst nicht versehe. Der Gehaltsanspruch des Beamten erlitt durch dessen Abgeordnetentätigkeit keinerlei Schmälerung. Die Aufwandsentschädigung, die der Beamte nach Art. 40 RV als Abgeordneter bezog, durfte nicht auf sein Gehalt angerechnet werden[37]). Es kann hiernach nicht wunder nehmen, daß zur Zeit des Weimarer Staates die Beamten in den deutschen Parlamenten von allen Berufsarten das stärkste Kontingent stellten[38]) und daß sich gerade unter den Abgeordneten, die Beamte waren, jene verpönte Kategorie der „Berufspolitiker" herausbildete[39]).

Bei der durchaus widerspruchsvollen Behandlung, welche die Weimarer Reichsverfassung dem Problem der politischen Stellung des Berufsbeamtentums im deutschen demokratisch-parlamentarischen Staat hatte angedeihen lassen, bestand für das deutsche Berufsbeamtentum stets die Gefahr, von „den staatsauflösenden Konsequenzen einer parlamentarischen Beute- und Gefolgsschaftspraxis"[40]) ergriffen und aus der ihm zugedachten Stellung als „neutraler Faktor" im Staate entfernt zu werden. Daran konnte auch der Umstand nichts ändern, daß sich zahlreiche und gerade besonders tüchtige Beamte im Weimarer Staat bewußt von jeder Beschäftigung mit Parteipolitik fernhielten und so bestrebt waren, den aus der Zeit des konstitutionell monarchischen deutschen Staates überkommenen Ruf des Beamtentums als einer politisch neutralen Einrichtung auch im demokratisch-parlamentarischen deutschen Staat zu wahren und zu rechtfertigen.

37) Vgl. Giese RV 8. Aufl. Anm. 1 u. 2 zu Art. 39, S. 117.

38) Vgl. hinsichtlich des Reichstags die Uebersicht von Poetzsch-Heffter im Jahrb. d. Oeff. R. 1929, S. 71. Die Rubriken „Lehrfach", „öffentliche Beamte" u. auch „gewesene Beamte" sind hierbei zusammenzufassen. — Wegen des preuß. Landtages vgl. etwa die Zusammenstellung von Höpker in der Zeitschr. d. preuß. Statist. Landesamts 66. Jg., S. 339.

39) Vgl. Werner Weber, a. a. O., S. 232.

40) Vgl. Carl Schmitt, Verfassungslehre, S. 142.

§ 5

Der politische Beamte im Weimarer Staat

I. Begriff und Wesen des politischen Beamten.

Ebenso wie bereits im konstitutionell monarchischen deutschen Staat begegnete uns auch im demokratisch-parlamentarischen Weimarer Staat der Typ des „politischen Beamten". Unter einem solchen verstand man einen Beamten, der vorzugsweise politische Sachen zu bearbeiten, hierbei die Politik der Regierung aktiv zu vertreten, d. h. nachdrücklich und umsichtig zu fördern hatte, und der, da er stets das besondere Vertrauen der politischen Führung haben mußte, jederzeit, ohne daß ein dienststrafrechtlicher Anlaß vorzuliegen brauchte, seines Amtes enthoben und in den Wartestand versetzt werden konnte.

Die Richtigkeit der vorstehenden Begriffsbestimmung des politischen Beamten ist für den demokratisch-parlamentarischen deutschen Staat in Zweifel gezogen worden. Köttgen[1]) vertritt die Ansicht, daß im vorerwähnten Staat für den politischen Beamten eine Verpflichtung zur aktiven Unterstützung der Regierungspolitik nicht mehr bestanden habe. Im demokratisch-parlamentarischen Staat hätten Regierung und Beamtentum verschiedene politische Aufgaben zu erfüllen gehabt. Man hätte daher von einem Angehörigen des Beamtentums den Verzicht auf seine eigene Mission verlangen müssen, wenn man ihn zur bedingungslosen Vertretung der Regierungspolitik hätte zwingen wollen. Der politische Beamte des parlamentarischen Staates hätte daher nur zu einem beschränkten Grade für die Politik der Regierung in Anspruch genommen werden können. Man hätte von ihm zwar einen ausgesprochenen politischen Takt sowie ein besonderes Maß von Loyalität gegenüber seinem Minister erwarten dürfen. Es wäre aber nicht angängig gewesen, von dem politischen Beamten die aktive Unterstützung der Regierungspolitik zu fordern. Denn das würde bedeutet haben, den politischen Beamten zum Anschluß an die politische Partei zu zwingen, womit er seine bürokratische Eigenart eingebüßt hätte.

Der Auffassung von Köttgen kann aber nicht beigetreten werden. Zweck der Einrichtung des politischen Beamten ist auch

1) Vgl. Berufsbeamtentum, S. 155 ff.

im demokratisch-parlamentarischen Staat, der Regierung ein Organ zu schaffen, das die einheitliche Durchführung ihrer Politik möglichst bis in die Lokalinstanz sichert. Dieser Zweck kann aber nur mit Hilfe eines Funktionärs erreicht werden, der die Regierungspolitik aktiv unterstützt. Ein politischer Beamter, der sich darauf beschränkt, sich innerhalb seines Amtsbereiches in politischen Dingen taktvoll zurückzuhalten und der Regierungspolitik nicht entgegenzuarbeiten, hat seinen Zweck verfehlt und ist eine in der Praxis des staatlichen Lebens unbrauchbare und daher wertlose Erscheinung. Eine andere, später zu behandelnde Frage ist jedoch, ob die politischen Beamten, die seither zur Gruppe der Berufsbeamten gerechnet worden sind, mit Rücksicht auf die für sie charakteristische, besondere politische Stellung im demokratisch-parlamentarischen Staat nicht aus dieser Gruppe herauszunehmen und in eine Sondergruppe staatlicher Bediensteter zu verweisen sind, auf welche die für die Berufsbeamten geltenden Rechtsregeln nur in beschränktem Umfang Anwendung finden[2]).

II. Der Kreis der politischen Beamten im Reich und in den Ländern.

In den ersten Jahren des Weimarer Staates war die Tendenz, die Zahl der politischen Beamten zu vermehren, sowohl im Reich als auch in den deutschen Ländern unverkennbar. Dann setzte aber in einer Anzahl von Ländern eine rückläufige Bewegung ein. So kannte das Württembergische Beamtengesetz vom 21. Jan. 1929 die Einrichtung des politischen Beamten überhaupt nicht. § 30 des Thüringischen Beamtengesetzes vom 14. März 1923 enthielt in seiner späteren Fassung eine erhebliche Einschränkung des Kreises der politischen Beamten[3]).

Der Kreis der politischen Beamten war für das Reich im § 25 RBG u. in Art. IV des Reichsgesetzes über die Pflichten der Beamten zum Schutze der Republik vom 21. Juli 1922 (RGBl. I S. 590), für Preußen im § 3 der Verordnung betr. die einstweilige Versetzung der unmittelbaren Staatsbeamten in den Ruhestand vom 26. Febr. 1919 mit den Aenderungen des Beamtendiensteinkommengesetzes vom 17. Dez. 1920 (GS. 1921, S. 135, 144) und des Gesetzes vom 25. März 1926 (GS., S. 105) festgelegt.

Im Reich konnten als politische Beamte nach § 25 RBG jederzeit in den Wartestand versetzt werden die Staatssekretäre, die Direktoren und Abteilungschefs in den dem Reichskanzler unmittel-

---

2) Näheres hierüber in § 7 dieser Abhandlung.

3) Näheres bei Köttgen im Hdb. Dt. StR. Bd. II § 69, S. 97 Anm. 31.

bar unterstellten obersten Reichsbehörden, in der Reichskanzlei und in den Ministerien, die vortragenden Räte und etatsmäßigen Hilfsarbeiter in der Reichskanzlei und im Auswärtigen Amt, die Militär- und Marineintendanten, die Ressortdirektoren für Schiffbau und Maschinenbau in der Marine, die Vorsteher der diplomatischen Missionen und der Konsulate sowie die Legationssekretäre.

Im Reich konnten im Interesse der Festigung der republikanischen Staatsform ferner jederzeit in den Wartestand versetzt werden:

1. Leiter von Reichsbehörden und ihre Stellvertreter, die der Besoldungsgruppe A XIII oder einer höheren Gruppe angehörten;
2. Ministerialräte in Dirigentenstellungen;
3. Beamte, die den Besoldungsgruppen von A XII an aufwärts angehörten, wenn sie mit Aufgaben zum Schutze der Republik besonders betraut waren.

Zu dieser letzteren Gruppe von Reichsbeamten gehörten:

der Reichskommissar für die Ueberwachung der öffentlichen Ordnung;

die planmäßigen und außerplanmäßigen Referenten des Büros des Reichspräsidenten,
der Reichskanzlei,
der Abteilungen für Politik und Verfassung und für öffentliche Ordnung im Reichsministerium des Innern,
der Presseabteilung der Reichsregierung,
des Reichskommissars für die Ueberwachung der öffentlichen Ordnung,

die Zivilamtschefs und die planmäßigen und außerplanmäßigen Referenten des Reichswehrministeriums,

die Ministerialbürodirektoren des Büros des Reichspräsidenten, der Reichskanzlei, des Reichsministeriums des Innern und des Reichswehrministeriums.

In Preußen waren als politische Beamte der jederzeitigen Versetzung in den Wartestand unterworfen: die Staatssekretäre, die Ministerialdirektoren, die Oberpräsidenten, die Regierungspräsidenten, die Beamten der Staatsanwaltschaft bei den Gerichten, die Vorsteher staatlicher Polizeibehörden, die Landräte, die Gesandten und anderen diplomatischen Agenten, die Beamten der Pressestelle des Staatsministeriums.

In Preußen konnten im Interesse der Festigung der republikanischen Staatsform ferner jederzeit in den Wartestand versetzt werden: Ministerialdirigenten, Vizepräsidenten im Oberpräsidium, Oberregierungsräte sowie Regierungsvizepräsidenten bei der Regierung als erste Vertreter der Regierungspräsidenten und der Polizeivizepräsident von Berlin.

III. Politischer Beamter und Berufsbeamtentum.

Innerhalb des vorerwähnten Bereichs der politischen Beamten waren im Weimarer Staat zwei völlig verschiedene Gruppen zu unterscheiden. Ein Teil der politischen Beamten stammte aus dem Berufsbeamtentum und wurde mit Rücksicht auf seine Vorbildung und Berufserfahrung auch in seinem neuen Amte nicht nur formell, sondern auch materiell zum Berufsbeamtentum gerechnet. Hierher gehörten im Reich z. B. die meisten höheren Beamten des auswärtigen Dienstes, in Preußen ausschließlich die Beamten der Staatsanwaltschaft, die nach § 149 GVG die Befähigung zum Richteramt besitzen mußten, ferner ein großer Teil der Landräte und ein Teil der Oberpräsidenten, der Regierungspräsidenten und Polizeipräsidenten. Der andere Teil der politischen Beamten bestand aus ausgesprochenen Parteipolitikern, denen politische Aemter übertragen worden waren. Die Beamten parteipolitischer Herkunft zählten als lebenslänglich angestellte Beamte formell zwar ebenfalls zum Berufsbeamtentum. Da ihnen häufig eine Vorbildung für ihr Amt sowie eine Berufserfahrung fehlten und ihre politische Einstellung ausschließlich durch die Partei bestimmt zu werden pflegte, wurden sie aber als Fremdkörper innerhalb der Beamtenschaft empfunden und materiell nicht zu dem Berufsbeamtentum gerechnet[4]).

Mit Hilfe der vorerwähnten Bestimmungen konnte im Reich ebenso wie in Preußen nach der jeweiligen parteipolitischen Zusammensetzung der Regierung ein Wechsel all der zahlreichen Beamten stattfinden, die Inhaber der oben angeführten politischen Aemter waren. Von der Möglichkeit, Beamte aus parteipolitischen Gründen aus den in Rede stehenden Aemtern zu entfernen, hat namentlich das Preußische Staatsministerium wiederholt Gebrauch gemacht. Die einschlägigen Maßnahmen des vorgenannten Ministeriums sind seinerzeit in weiten Kreisen stark kritisiert worden. Man bedauerte sie einmal im Interesse der davon betroffenen Berufsbeamten, die plötzlich ein Amt verlassen mußten, das sie in jahrelanger treuer Pflichterfüllung zum Wohle des Staates verwaltet hatten. Wichtiger jedoch war die weitere Erwägung, daß der in Rede stehende, jederzeit mögliche Wechsel der Inhaber zahlreicher wichtiger Staatsämter die Stabilität der Verwaltung in einem Maße erschüttere, das nicht nur aus staatspolitischen, sondern allein schon aus verwaltungstechnischen Rücksichten untragbar erscheinen müsse[5]).

---

4) Vgl. Köttgen, Berufsbeamtentum, S. 153/54; Brand, Das Beamtenrecht 3. Aufl. § 166, S. 562.

5) Vgl. Brand, a. a. O. § 70, S. 265; Erythropel in DJZ 1928 Sp. 649 ff.

§ 6

Die staatsrechtliche und politische Stellung des Berufsbeamtentums im neuen deutschen Staat

Im Folgenden soll untersucht werden, ob die dem Berufsbeamtentum im Weimarer Staat zuerkannte staatsrechtliche und politische Stellung im neuen deutschen Staat beizubehalten oder ob und gegebenenfalls inwiefern dieselbe zu ändern ist.

I. Die staatsrechtliche Stellung des Berufsbeamtentums im neuen deutschen Staat.

1. Die staatsrechtliche Stellung der Exekutive im neuen deutschen Staat.

Wie im § 1 dieser Abhandlung dargelegt worden ist, darf die Wiedereinführung der parlamentarischen Regierungsform im Reich als sicher gelten. Das neue demokratische Deutsche Reich wird danach dieselbe Regierungsform haben, wie sie das Deutsche Reich unter der Weimarer Verfassung von 1919 bis 1933 hatte.

Bei der parlamentarischen Regierungsform ist dem Parlament, dem Reichstag, ein maßgebender Einfluß auf die Zusammensetzung der Reichsregierung, des Reichskabinetts, insofern gesichert, als entsprechend der in Art. 54 RV getroffenen Regelung kein Mitglied des Reichskabinetts, das nicht das Vertrauen des Reichstags besitzt, sein Amt auszuüben vermag. Darin hat sich aber auch, wie nach dem seitherigen Reichsverfassungsrecht, der s t a a t s r e c h t l i c h e Einfluß des Reichstags auf die zur Ausübung der vollziehenden Gewalt im Reich berufenen Organe, die Exekutivorgane des Reichs, zu erschöpfen. Die r e c h t l i c h e Unabhängigkeit der Exekutivorgane gegenüber dem Reichstag muß auch künftig gewahrt bleiben. Das hat, wie bisher, insbesondere auch hinsichtlich der Mitglieder des Reichskabinetts, des Reichskanzlers und der Reichsminister, zu gelten. Eine r e c h t l i c h e Bindung der Mitglieder des Reichskabinetts an dienstliche Weisungen des Reichstags würde, wie bereits im § 4 I 1 dieser Abhandlung ausgeführt worden ist, mit deren verfassungsrechtlicher Haftbarkeit unvereinbar sein.

Für die deutschen Länder wird von namhafter Seite statt des parlamentarischen Regierungssystems das sog. schweizerische

System, nämlich das Regierungssystem der Schweizer Bundesverfassung vom 29. Mai 1874, empfohlen, wonach die Regierung von der Volksvertretung auf bestimmte Zeit gewählt wird, während deren sie nicht durch Erteilung eines Mißtrauensvotums zum Rücktritt gezwungen werden kann[1]). Nach der vorliegenden Stellungnahme der maßgebenden politischen Parteien ist aber durchaus wahrscheinlich, daß dieser Empfehlung keine Beachtung geschenkt, vielmehr auch in den Ländern das parlamentarische Regierungssystem wieder eingeführt werden wird. In den inzwischen erlassenen Verfassungen von Württemberg-Baden, Hessen, Rheinland-Pfalz, Württemberg-Hohenzollern, Baden und Bremen ist das parlamentarische Regierungssystem auch ausdrücklich festgelegt worden[2]). In der Verfassung Bayerns vom 1. 12. 1946 findet sich dagegen ein aus Elementen des schweizerischen und des parlamentarischen Regierungssystems gemischtes Regierungssystem: Nach Art. 44 der genannten Verfassung wird der Ministerpräsident von dem neugewählten Landtag spätestens innerhalb einer Woche nach seinem Zusammentritt auf die Dauer von vier Jahren gewählt. Während dieser Wahlzeit muß der Ministerpräsident aber zurücktreten, wenn die politischen Verhältnisse ein vertrauensvolles Zusammenarbeiten zwischen ihm und dem Landtag unmöglich machen. Der Rücktritt der Ministerpräsidenten hat den Rücktritt der von ihm gemäß Art. 45 Verf. berufenen Mitglieder der Staatsregierung zur Folge.

Mag in den einzelnen deutschen Ländern das parlamentarische oder das schweizerische Regierungssystem eingeführt werden, so wird doch in jedem Falle an dem Grundsatz der rechtlichen Unabhängigkeit der Landesexekutivorgane, insbesondere auch der Landesregierung und ihrer Mitglieder gegenüber dem Landtag festzuhalten sein. Eine rechtliche Bindung der Regierungsmitglieder an dienstliche Weisungen des Parlaments würde auch in den Ländern angesichts der bei jedem der beiden Regierungssysteme den Regierungsmitgliedern auferlegten verfassungsrechtlichen Haftbarkeit ausgeschlossen sein.

---

1) Vgl. hierzu die Schrift des Bundes zur Erneuerung des Reichs, „Reich und Länder" (1928), S. 40/41.

Darüber, daß das schweizerische Regierungssystem nicht unter den Begriff der parlamentarischen Regierungsform zu subsumieren ist, vgl. Fleiner, Schweizerisches Bundesstaatsrecht, § 21, S. 187; Gmelin in der Enzykl. d. Rechtswissenschaften von Kohlrausch-Kaskel, Ausländisches Staatsrecht, Sonderdruck S. 8.

2) Vgl. Art. 70, 73 d. Verf. von Württemberg-Baden vom 1. 12. 1946; Art. 101, 113, 114 der Verf. von Hessen vom 1. 12. 1946; Art. 98, 99 der Verf. von Rheinland-Pfalz vom 18. 5. 1947; Art. 51 der Verf. von Württemberg-Hohenzollern vom 20. 5. 1947; Art. 79, 80 der Verf. von Baden vom 22. 5. 1947; Art. 110 der Verf. von Bremen vom 21. 10. 1947.

2. Das Berufsbeamtentum als Exekutivorgan im neuen Deutschen Reich und in den neuen deutschen Ländern.

An der Spitze der Exekutive sind im neuen Deutschen Reich nebeneinander zwei unabhängige, sog. unmittelbare Reichsorgane zu belassen: der Reichspräsident und die Reichsregierung (das „Reichskabinett"). Zwischen diesen beiden Reichsorganen sind die gesamten exekutiven Zuständigkeiten des Reiches im wesentlichen entsprechend der in der Weimarer Reichsverfassung getroffenen Regelung aufzuteilen. Von den einzelnen Zuständigkeiten des Reichspräsidenten werden jedoch, wie weiter unten gezeigt werden wird, namentlich dessen Zuständigkeiten auf dem Gebiete der Beamten-Personalverwaltung erheblich zu erweitern sein. Dagegen wird die Fülle der exekutiven Zuständigkeiten, die eigentliche „Regierung", auch künftig dem Reichskabinett zu verbleiben haben.

Darüber, ob die Spitze der Exekutive in den deutschen Ländern, wie bisher, einköpfig oder, wie bisher im Reich, zweiköpfig zu gestalten ist, bestehen Meinungsverschiedenheiten. Die überwiegende Zahl der maßgebenden Politiker setzt sich für die Beibehaltung einer einköpfigen Exekutivspitze in den Ländern ein. Die Einführung einer zweiköpfigen Exekutivspitze und die damit verbundene Einsetzung eines Staatspräsidenten in den deutschen Ländern wird aus dem Grunde abgelehnt, weil zwischen dem Staatspräsidenten einerseits und dem Reichspräsidenten andererseits Reibungen und Rivalitäten zu befürchten seien, zumal wenn im Reich eine andere politische Mehrheit herrsche als in dem betreffenden Lande, und weil dadurch die Einheit des Deutschen Reiches gefährdet werde. Die Entscheidung der Frage nach der Gestaltung der Exekutivspitze in den neuen deutschen Ländern wird davon abhängig zu machen sein, ob die Länder als große oder kleine Staaten geschaffen werden und ob sie außer Verwaltungsaufgaben auch wichtigere gesetzgeberische Aufgaben zu erfüllen haben. In großen und kleinen Ländern, in denen im wesentlichen nur Verwaltungsaufgaben zu erfüllen sind, ferner aber auch in kleinen Ländern, die außerdem wichtigere Aufgaben auf dem Gebiete der Gesetzgebung zu lösen haben, ist schon im Interesse der Einfachheit der staatlichen Organisation ebenso wie aus Sparsamkeitsgründen von der Einsetzung eines Staatspräsidenten abzusehen. Dagegen ist in großen Ländern mit wichtigeren gesetzgeberischen Aufgaben die Einrichtung des Staatspräsidenten als „neutralen Faktors", d. h. als Gegengewicht gegen ein übermächtiges Parlament und als stabiles Verfassungselement, namentlich in Zeiten parlamentarischer Krisen, empfehlenswert. Rivalitäten zwischen Staatspräsident und Reichspräsident, durch welche die Einheit des Deutschen Reichs gefährdet werden könnte, sind dabei durch entsprechende Stärkung der Stellung des Reichspräsidenten nach Möglichkeit zu verhindern.

Wird die Exekutivspitze in den neuen deutschen Ländern einköpfig gestaltet, so ist dort oberstes Exekutivorgan die Landesregierung, das „Staatsministerium". Im Falle der Einsetzung eines Staatspräsidenten stehen an der Spitze der Exekutive in den Ländern ebenso wie im Reich zwei unabhängige, oberste Staatsorgane: Staatspräsident und Landesregierung. Bei der Verteilung der exekutiven Zuständigkeiten zwischen diesen beiden Organen werden dem Staatspräsidenten, ähnlich wie dem Reichspräsidenten, besonders weitgehende Zuständigkeiten auf dem Gebiete der Beamten-Personalverwaltung zu übertragen sein.

In sämtlichen inzwischen erlassenen neuen Verfassungen der deutschen Länder ist lediglich eine einköpfige Exekutivspitze geschaffen. Sowohl in Bayern als auch in Württemberg-Baden, Hessen, Rheinland-Pfalz, Württemberg-Hohenzollern, Baden und Bremen hat man von der Einsetzung eines Staatspräsidenten Abstand genommen. Man hat sich dort vielmehr damit begnügt, an die Spitze der Exekutive ein oberstes Staatsorgan, die Landesregierung (Staatsregierung, Senat) zu stellen[3]).

Im Reich werden unter dem Reichspräsidenten und der Reichsregierung als obersten Exekutivspitzen, in den Ländern werden unter der Landesregierung als oberster Exekutivspitze oder unter dem Staatspräsidenten und der Landesregierung als obersten Exekutivspitzen die Beamten als abhängige, sog. mittelbare staatliche Organträger stehen, und zwar im Reich die Reichsbeamten, in den Ländern die Landesbeamten.

Wenn auch dafür zu sorgen sein wird, daß die Zuständigkeiten des Reichspräsidenten und des in dem einen oder anderen Lande einzurichtenden Staatspräsidenten auf dem Gebiet der Beamten-Personalverwaltung sich nicht in der Ernennung und Entlassung der Beamten erschöpfen, so werden die Beamten doch innerhalb der einzelnen Verwaltungszweige normalerweise mit dem „Kabinett" zusammenzuarbeiten und von ihm die Weisungen für ihre dienstliche Tätigkeit zu empfangen haben.

---

3) Vgl. etwa Art. 43 Abs. 1 Bayer. Verf., Art. 69 Abs. 1 Württemb.-Bad. Verf., Art. 100 Hess. Verf., Art. 98 Rh.-Pf. Verf., Art. 44, 52 Württemb.-Hohenzoll. Verf., Art. 76, 81 Bad. Verf., Art. 107 Brem. Verf.

In Württemberg-Hohenzollern und Baden führt der Vorsitzende der Landesregierung, d. h. der Präsident des Staatsministeriums die Amtsbezeichnung „Staatspräsident". Die Einführung der Institution des „Staatspräsidenten" und damit einer zweiköpfigen Exekutivspitze ist darin aber nicht enthalten. Vgl. hierzu auch § 4 I, 2 in dieser Abhandlung.

Wie seither, so wird es auch in Zukunft die Aufgabe der zum Berufsbeamtentum zusammengeschlossenen Beamten sein, als Bestandteil der Exekutive die Hauptlast der Verwaltung im Reich und in den Ländern zu tragen und dabei die politischen Entscheidungen des „Kabinetts" auszuführen. Den nach dem Grundsatz der Gewaltenteilung nicht zur Exekutive, sondern zur Rechtspflege gehörigen richterlichen Berufsbeamten wird dagegen die Hauptlast der Rechtspflege im Reich ebenso wie in den Ländern obliegen.

II. Die politische Stellung des Berufsbeamtentums im neuen deutschen Staat.

1. Die staatsrechtliche und politische Stellung des parlamentarischen Ministers im neuen deutschen Staat.

Soll sich das parlamentarische Regierungssystem im neuen Deutschen Reich und in den neuen deutschen Ländern heilbringend auswirken, so muß das Reichs- bzw. Landeskabinett nach englischem Vorbild zum Exekutivausschuß des Parlaments, des Reichstags bzw. Landtags, gemacht werden. Die Ministerposten sind danach grundsätzlich nur mit Mitgliedern der in dem Reichstag oder Landtag jeweils herrschenden Parteien zu besetzen. Zu Ministern dürfen dabei, im Gegensatz zu dem im Weimarer Staat bestehenden Brauch[4]), nur besonders angesehene, einflußreiche Parteimitglieder, regelmäßig sogar nur die Parteiführer selbst, ernannt werden. Die Minister im neuen deutschen Staat müssen „politische Führer" sein, die imstande sind, nötigenfalls von sich aus ihrer Partei den von ihr einzuschlagenden politischen Kurs vorzuschreiben. Sie müssen, falls das Gesamtwohl das erfordert, ihre Partei zwingen können, ausnahmsweise einmal von grundlegenden Punkten ihres Programms abzuweichen. Derartige politische Führerpersönlichkeiten sind in den Ministerstellungen künftig um so weniger zu entbehren, als die politischen Parteien in Deutschland während der vergangenen Zeiten allzusehr dazu geneigt haben, in kritischen Situationen durch doktrinäres Festhalten an ihrem Programm ihre Sonderinteressen dem Wohl des Staats- und Volksganzen voranzustellen.

Zugunsten der Forderung, daß auf die Ministerposten ausschließlich politische Führer zu berufen sind, spricht im übrigen auch die Erwägung, daß auf diese Weise für die Exekutive ein mächtiger Schützer aus den Reihen des Parlaments entsteht, der ihr dort eine unbedingte Gefolgschaft sichert.

---

[4]) Vgl. § 4 II, 1 dieser Abhandlung.

Soll das Reichs- oder Landeskabinett im neuen deutschen Staat ein aus führenden Mitgliedern der jeweils herrschenden Parteien zusammengesetzter Exekutivausschuß des Parlaments sein, so geht es nicht an, das Kabinettsmitglied, den Minister, wie die Väter der Weimarer Reichsverfassung das wollten, in den Rechtsbegriff des Reichs- oder Landesbeamten hineinzuzwängen und ihn dementsprechend zum parteipolitisch neutralisierten Staatsfunktionär zu stempeln. Für den aus der Partei hervorgegangenen parlamentarischen Minister muß vielmehr mit Rücksicht auf seine doppelte Stellung als Organträger der ihn in das Kabinett entsendenden Partei und als Organträger des Staates[5]) im Reich ebenso wie in den Ländern ein öffentlichrechtliches Amtsverhältnis eigener Art begründet werden, wie es im Weimarer Reich nach dem Reichsministergesetz vom 27. März 1930 (RGBl. I S. 96) für die Reichsminister bestand.

Sollte in den deutschen Ländern dagegen das schweizerische Regierungssystem eingeführt werden, so sind die auf Zeit gewählten Minister, ebenso wie die auf Zeit gewählten Leiter von Gemeinden und Gemeindeverbänden, in das Beamtenverhältnis zu übernehmen. Da das schweizerische Regierungssystem nicht unter den Begriff des parlamentarischen Regierungssystems fällt und dementsprechend das Kabinett bei ihm kein Exekutivausschuß des Parlaments und der dort herrschenden Parteien ist, ist es durchaus sinnvoll und zweckmäßig, daß die auch hier meist aus der Partei hervorgegangenen Kabinettsmitglieder ihr Ministeramt gleichwohl nicht als Exponenten ihrer Partei, sondern als parteipolitisch neutralisierte Beamte, als „Diener der Gesamtheit" zu verwalten haben, wie dies durch die ebenfalls meist aus der Partei hervorgegangenen Leiter von Gemeinden und Gemeindeverbänden schon seit langem geschieht.

2. Der politische Dualismus zwischen Kabinett und Berufsbeamtentum im neuen deutschen Staat.

Nach den obigen Darlegungen muß dem Minister als Exponent der ihn in das Kabinett entsendenden Partei im demokratisch-parlamentarischen Staat die rechtliche Stellung eines staatlichen Funktionärs eigener, und zwar eminent politischer Art, nicht aber die eines parteipolitisch neutralisierten Beamten zuerkannt werden. Demgegenüber ist die parteipolitische Neutralisierung des Berufsbeamtentums und damit dessen scharfe Trennung von den Parteien

---

5) Vgl. § 4 II, 1 dieser Abhandlung.

in der parlamentarischen Demokratie nach den langjährigen, namentlich in England und Frankreich gesammelten praktischen Erfahrungen im Interesse einer geordneten, stetigen Staatsführung und Staatsverwaltung unerläßlich. Dem Berufsbeamtentum ist, wie bereits mehrfach betont, neben einem parteipolitisch neutralisierten Staatspräsidenten die Funktion eines neutralen Faktors im demokratisch-parlamentarischen Staate zuzuweisen. Ohne parteipolitische Neutralisierung kann das Berufsbeamtentum diese Funktion aber unmöglich ausüben. Ein parteipolitischen Einflüssen ausgesetztes Berufsbeamtentum gerät im modernen Parteienstaat unvermeidlich in Abhängigkeit von den jeweils im Parlament herrschenden Parteien. Es entsteht dadurch die ernste Gefahr, daß bei der Besetzung der Beamtenstellen statt Sachkunde und Berufserfahrung allein die Parteizugehörigkeit des Bewerbers entscheidet, daß die Beamtenstellen somit zu einem Beuteobjekt der jeweils siegreichen Parteien werden, und die Inhaber dieser Stellen entsprechend der jeweils im Parlament herrschenden Parteikonstellation wechseln. Es ist ferner zu besorgen, daß die durch Parteipatronage in ihr Amt gelangten Beamten dieses nicht als „Diener der Gesamtheit", sondern als Exponenten ihrer Partei verwalten und dementsprechend nicht Unparteilichkeit und Gerechtigkeit, sondern Parteilichkeit und Ungerechtigkeit zum Grundsatz der staatlichen Verwaltung und Rechtspflege werden. Zwecks Ausschaltung der hier aufgezeigten, nicht gering zu schätzenden Gefahren muß die parteipolitische Neutralisierung des Berufsbeamtentums zum grundlegenden Rechts- und Ordnungsprinzip im demokratisch-parlamentarischen Staat erhoben werden. Demgemäß ist in die neue Verfassung des Deutschen Reiches eine dem Art. 130 Abs. 1 RV entsprechende Bestimmung aufzunehmen, welche die Beamten zu „Dienern der Gesamtheit, nicht einer Partei" erklärt und somit dafür Sorge trägt, daß die Beamten die vom Gesetzgeber erlassenen Vorschriften objektiv, nämlich unbeeinflußt durch parteipolitische Bindungen und Erwägungen auslegen und anwenden und damit der Idee der Gerechtigkeit und Ordnung, der die Verwaltung und Rechtspflege des Staates in gleicher Weise zu dienen haben, zum Durchbruch verhelfen.

Durch die Erhebung des Berufsbeamtentums zu einem neutralen Faktor innerhalb des neuen deutschen Staates und durch die im Zusammenhang damit stehende parteipolitische Neutralisierung des Berufsbeamtentums wird die Exekutive im Reich und in den Ländern, wie bereits im Weimarer Staat, in zwei einander wesensfremde Bestandteile zerspalten: in das aus parteipolitisch gebundenen Funktionären zusammengesetzte Kabinett und das aus parteipolitisch neutralisierten Funktionären zusammengesetzte Berufsbeamtentum. Der durch die Exekutivverfassung des neuen deutschen Staates sonach gehende Riß wird noch dadurch vertieft, daß die dem Kabinett angehörigen Minister auf Grund eines Mißtrauensvotums jederzeit abberufen werden können, während die dem Berufsbeamtentum angehörigen Beamten gemäß einer dem Art. 129 Abs. 1 Satz 1 RV entsprechenden, in die neue Reichsverfassung zu übernehmenden Vorschrift grundsätzlich auf Lebenszeit angestellt und somit unabsetzbar sind.

Es fragt sich, ob zwischen den beiden einander wesensfremden Bestandteilen der Exekutive, den Parteiministern und den parteipolitisch neutralisierten Beamten, in der Praxis eine erfolgreiche Zusammenarbeit möglich ist. Die Frage ist m. E. unbedenklich zu bejahen.

Unverkennbar ist allerdings, daß zwischen dem Parteiminister einerseits und den Beamten des von ihm geleiteten Verwaltungszweiges andererseits nicht nur in politischer, sondern auch in beruflicher Hinsicht grundsätzlich ein bedeutsamer Wesensunterschied besteht. Der Beamte hat regelmäßig für den Verwaltungszweig, in dem er tätig ist, eine besondere Vor- und Ausbildung genossen. Er pflegt ferner eine reiche spezielle Berufserfahrung, sog. Ressortkenntnisse, zu besitzen, die er sich durch langjährige Beschäftigung innerhalb des betreffenden Verwaltungszweiges erworben hat. Der Parteiminister muß zwar, wenn er in seiner Stellung als politischer Führer erfolgreich wirken will, ebenfalls eine gewisse Vorbildung und entsprechende positive Kenntnisse mitbringen. Diese Vorbildung ist aber notwendigerweise eine gänzlich andere als die des Beamten. Die durch sie vermittelten Kenntnisse und Fähigkeiten kann sich der politische Führer vielfach überhaupt nicht im Dienste des Berufsbeamtentums erwerben. Auch wenn der politische Führer eine gewisse Vorbildung und entsprechende positive Kenntnisse besitzt, fehlt ihm doch regelmäßig die für den Berufsbeamten charakteristische besondere Sachkunde hinsichtlich des von ihm als Minister zu leitenden Verwaltungszweiges. Dieser Mangel an „ressortmäßiger Sachkunde" bildet aber kein Hindernis für eine erfolgreiche Führung des Ministeramtes durch den Parteiminister und dementsprechend auch für dessen erfolgreiche Zusammenarbeit mit der ihm unterstellten Beamtenschaft seines Verwaltungszweiges, sofern der Parteiminister in der Tat ein „politischer Führer" ist. Daß Führereigenschaften, wie persönliche Begabung, Reichtum an wertvollen politischen Ideen, Menschenkenntnis und Geschick in der Menschenbehandlung bei einem Minister höher zu bewerten sind als bloße „ressortmäßige Sachkunde", hat kein geringerer als Fürst Bismarck schon hinsichtlich des Ministers im konstitutionell monarchischen preußischen Staat nachdrücklich betont[6]). Die in den ersten Jahren nach dem Zusammenbruch des konstitutionell monarchischen deutschen Staates vorhandene Gefahr, daß der Parteiminister wegen seiner fehlenden Ressortkenntnisse von der ihm unterstellten Beamtenschaft als Außenseiter betrachtet und die Beamtenschaft in bürokratischem Dünkel nur widerwillig mit ihm zusammenarbeiten werde[7]), darf heute endgültig als beseitigt gelten. Der Politiker auf dem Ministersessel, dem die für den Berufsbeamten charakteristischen Ressortkenntnisse fehlen, wird heute nicht mehr, wie in der ersten Zeit des Weimarer Staates, als eine bedauerliche Begleiterscheinung des parlamentarischen Systems, sondern als eine politische Notwendigkeit und Selbstverständlichkeit empfunden[8]).

Die Zusammenarbeit zwischen dem aus der Partei hervorgegangenen Minister und dem ihm dienstlich unterstellten, parteipolitisch neutralisierten Berufsbeamtentum dürfte sich im neuen deutschen Staate bei entsprechender Arbeitsteilung zwischen den genannten beiden Faktoren ebenso reibungslos wie loyal vollziehen: Der Minister wird dabei die für die Verwaltung seines Ressorts maßgebenden politischen Richtlinien zu bestimmen und die zur Durchführung dieser Richtlinien sowie die sonst innerhalb seines Ressorts erforderlichen politischen Entscheidungen zu treffen haben. Die Aufgabe der dem Minister unterstellten Beamten wird es sein, die anfallenden Verwaltungsgeschäfte nach Maßgabe der vom Minister festgelegten politischen Richtlinien zu erledigen und die von ihm getroffenen politischen Entscheidungen durchzuführen. Die betreffenden Beamten werden außerdem als Ressortspezialisten den Minister hinsichtlich der verwaltungstechnischen und rechtlichen Durchführbarkeit der von ihm geplanten politischen Maßnahmen zu beraten und sich dabei das uneingeschränkte Vertrauen ihres Chefs zu erwerben haben.

Die Zusammenarbeit zwischen dem Parteiminister und dem parteipolitisch neutralisierten Berufsbeamtentum ist im Weimarer Staat bisweilen dadurch beeinträchtigt worden, daß das Berufsbeamtentum bei der praktischen Durchführung neuartiger politischer Gedanken aus lauter Bedenken zusammengesetzt war. Gerade der auf seinem Fachgebiet besonders kenntnisreiche Berufsbeamte sah

---

6) So bemerkt Bismarck in seinen Gedanken und Erinnerungen Bd. I, S. 329 bezüglich der Besetzung des Handelsministeriums in dem von ihm gebildeten Konfliktsministerium (1862) folgendes: „Ich entwickelte (dem König), daß die ressortmäßige Sachkunde als Handelsminister bei Eulenburg und Selchow auf ziemlich gleicher Stufe stehe, und jedenfalls mehr bei ihren Räten als bei ihnen selbst zu suchen sein würde, daß ich in diesem Falle aber viel mehr Gewicht auf persönliche Begabung, Geschick und Menschenkenntnis legte, als auf technische Vorbildung".

7) Vgl. dazu Köttgen, Berufsbeamtentum, S. 102 ff.

8) Vgl. Köttgen, a. a. O., S. 103.

manchmal soviel Schwierigkeiten, daß er seinen Minister oder die Parlamentsausschüsse mit seinem fortgesetzten „Es geht nicht" in Verzweiflung brachte. Hier liegt richtiger Ansicht nach eine der Hauptursachen für den dem Berufsbeamtentum gemachten Vorwurf der Reaktion, die jedoch weniger politischen als verwaltungstechnischen Gesichtspunkten entspringt. Gewiß soll das Berufsbeamtentum als neutraler Faktor im demokratisch-parlamentarischen Staat der ruhende Pol in der Erscheinungen Flucht sein, es soll aber nicht am Hergebrachten kleben, sondern die ihm zugewiesene Stellung gebrauchen, um den Fortschritt zu fördern. Dann wird das Berufsbeamtentum nicht als reaktionärer Hemmschuh angesehen und ihm der Vorwurf der Sabotage erspart werden. Vielmehr wird es als brauchbares, unentbehrliches Instrument der Exekutive seine verdiente Anerkennung finden[9]).

Angesichts des politischen Spannungsverhältnisses, das im neuen deutschen Staat zwischen dem Kabinett und dem Berufsbeamtentum verfassungsmäßig zu schaffen ist, besteht die Gefahr, daß einer der vorgenannten beiden Faktoren versuchen wird, sich den andern zu unterwerfen, und — unter Beseitigung des von der Verfassung gewollten Gegensatzes — die alte Einheitlichkeit der Exekutivgewalt wieder herzustellen[10]). So kann das Streben des Kabinetts dahin gehen, das seither parteipolitisch neutralisierte Berufsbeamtentum zu politisieren und damit zum Organ der im Parlament jeweils herrschenden Parteien zu machen. Es ist ferner denkbar, daß das Berufsbeamtentum versuchen wird, den Parteiminister in seinen Bann zu ziehen, indem es ihm durch fortgesetzte Resistenz hindert, seine politischen Ziele praktisch durchzusetzen. Für beide Fälle müssen die erforderlichen Abwehrmaßnahmen vorgesehen werden. Welche Maßnahmen in Frage kommen, um das parteipolitisch neutralisierte Berufsbeamtentum vor einer Politisierung durch das Kabinett zu schützen, wird unter III in diesem Paragraphen dargelegt werden. Einem renitenten Berufsbeamtentum dürfte der Parteiminister mit Hilfe besonderer Vertrauensleute[11]) beikommen können, die dafür sorgen, daß die vom Minister festgelegten politischen Richtlinien und die von ihm getroffenen politischen Entscheidungen von den nachgeordneten Stellen auch tatsächlich durchgeführt werden.

Die parteipolitische Neutralisierung des Berufsbeamtentums und seine damit verbundene Erhebung zum neutralen Faktor im neuen

---

[9]) Die Anregung zu den vorstehenden Ausführungen verdanke ich Herrn Min.-Dir. Dr. Kurt Günther, früher im Preuß. Handelsministerium in Berlin.

[10]) Vgl. Köttgen, Berufsbeamtentum, S. 103-105.

[11]) Näheres hierüber in § 7 III am Ende dieser Abhandlung.

deutschen Staat ist nicht nur bei Wiedereinführung des parlamentarischen Regierungssystems, sondern auch bei Einführung des schweizerischen Regierungssystems unerläßlich. Auch hier kann ein parteipolitisch neutralisiertes Berufsbeamtentum als stabiles Verfassungselement nicht entbehrt werden. Das gilt um so mehr, wenn in dem betreffenden deutschen Staat von der Einrichtung eines Staatspräsidenten Abstand genommen sein sollte.

Die für den parlamentarisch regierten Staat charakteristische Spaltung der Exekutive in das aus parteipolitischen Funktionären zusammengesetzte Kabinett und das aus parteipolitisch neutralisierten Funktionären zusammengesetzte Berufsbeamtentum findet beim schweizerischen Regierungssystem nicht statt. Da die Kabinettsmitglieder bei diesem System in das Beamtenverhältnis zu übernehmen sind, liegt die Exekutive hier einheitlich in der Hand von parteipolitisch neutralisierten Beamten.

III. Die rechtlichen Sicherungen der Funktion des Berufsbeamtentums als neutralen Faktors im neuen deutschen Staat.

Um die dem Berufsbeamtentum von der neuen deutschen Reichsverfassung zuzuweisende Funktion als neutraler Faktor innerhalb des deutschen Staates, des Reiches ebenso wie der Länder, rechtlich zu sichern, ist zunächst die Einrichtung des Berufsbeamtentums als solche reichsverfassungsrechtlich zu gewährleisten und dem so gewährleisteten Berufsbeamtentum ein bestimmter Aufgabenbereich rechtsverbindlich vorzubehalten. Es sind außerdem rechtliche Maßnahmen zu treffen, deren Ziel es ist, einerseits die politischen Parteien von dem Beamten und andererseits den Beamten von den politischen Parteien fernzuhalten.

1. Die Gewährleistung der Einrichtung und des Aufgabenbereichs des Berufsbeamtentums in der neuen Reichsverfassung.

Eine Gewährleistung der Einrichtung des Berufsbeamtentums innerhalb des Weimarer Staates war in der Weimarer Reichsverfassung ausdrücklich nicht erfolgt. Sie ergab sich aber, wie im § 4 III dieser Abhandlung im Anschluß an Carl Schmitt dargelegt worden ist, aus den mannigfachen persönlichen Sicherungen, welche die Weimarer Reichsverfassung in ihren Art. 128—130 im Interesse des einzelnen Beamten geschaffen hatte.

Mit Rücksicht auf die staatsrechtlich und politisch gleich bedeutsame Funktion, die das Berufsbeamtentum als neutraler Faktor im neuen deutschen Staat zu erfüllen hat, ferner auch mit Rücksicht auf die erneuten Bestrebungen einflußreicher politischer Kreise[12]), die den Berufsbeamten beseitigen und ihn durch den öffentlichen Angestellten, den staatlichen privaten Arbeitnehmer, ersetzen wollen, muß in der neuen deutschen Reichsverfassung die Einrichtung des Berufsbeamtentums als solche ausdrücklich gewährleistet werden. In die neue deutsche Reichsverfassung ist dementsprechend eine Bestimmung aufzunehmen, wonach „die Einrichtung des Berufsbeamtentums im Deutschen Reich und in den deutschen Ländern gewährleistet wird".

Anschließend muß in der neuen Reichsverfassung der Aufgabenbereich des von ihr gewährleisteten Berufsbeamtentums bestimmt festgelegt werden. Dabei kann an die Vorschrift des § 148 Abs. 1 DBG angeknüpft werden. Dieselbe ist aber, wie im § 3 V dieser Abhandlung ausführlich dargelegt worden ist, dahin zu ergänzen, daß die dort aufgeführten Stellen nicht nur mit Beamten besetzt werden dürfen, sondern auch mit Beamten besetzt werden müssen, sofern die Wahrnehmung obrigkeitlicher Aufgaben die dauernde Hauptbeschäftigung des Bediensteten ist. Die einschlägige Bestimmung der neuen Reichsverfassung wird danach zu lauten haben:

> „Stellen für Beamte dürfen nur eingerichtet werden, soweit sie die Wahrnehmung obrigkeitlicher Aufgaben in sich schließen oder aus Gründen der Staatssicherheit nicht von Angestellten oder Arbeitern versehen werden dürfen. Stellen für Beamte müssen eingerichtet werden, soweit sie die Wahrnehmung obrigkeitlicher Aufgaben als dauernde Hauptbeschäftigung in sich schließen."

Auf Grund dieser Regelung ist der Bereich der dem Berufsbeamtentum vorbehaltenen Stellen fest umgrenzt. Auf allen übrigen Stellen im öffentlichen Dienst sind staatliche private Arbeitnehmer, d. h. öffentliche Angestellte und Arbeiter, zu verwenden.

2. Die rechtlichen Maßnahmen zur Fernhaltung der Parteien von dem Berufsbeamtentum.

A. Die Gefahr der Parteipatronage im modernen Parteienstaat, ihre Auswirkung und Ueberwindung insbesondere in den Vereinigten Staaten von Amerika während des 19. Jahrhunderts.

Soll das Berufsbeamtentum seine verfassungsrechtliche Funktion als neutraler Faktor innerhalb des neuen deutschen Staates erfüllen, so genügt weder die reichsverfassungsrechtliche Ge-

---

12) Vgl. hierzu § 3 III u. IV in dieser Abhandlung.

währleistung seiner Einrichtung und seines Aufgabenbereichs noch die reichsverfassungsrechtliche Proklamation seiner parteipolitischen Neutralität durch eine dem Art. 130 Abs. 1 RV entsprechende Vorschrift. Wie im § 4 III dieser Abhandlung ausgeführt worden ist, müssen vielmehr weitere konkrete rechtliche Sicherungen geschaffen werden, die dem Schutze des Beamtentums vor den Parteien dienen. Im modernen Parteienstaat besteht, wie bereits dargelegt[13]), die Gefahr der sog. Parteipatronage, d. h. der Herrschaft eines Systems, bei dem die Beamtenstellen nur an Anhänger der im Staate jeweils herrschenden Parteien vergeben werden und bei dem die so in ihr Amt gelangten Beamten im Falle eines Wechsels der herrschenden Parteien ebenfalls wechseln.

Das System der Parteipatronage hat sich in den Vereinigten Staaten von Amerika in der ersten Hälfte des 19. Jahrhunderts entwickelt[14]). Seine geistigen Väter waren vornehmlich der demokratische Parteiführer im Staate New York, Oberst Aaron Burr, den der bekannte amerikanische Beamtenrechtler Dorman B. Eaton[15]) als „ou first partisan despot" bezeichnet, ferner der spätere Präsident der Vereinigten Staaten, Jackson. Das System der Parteipatronage mit seinem Grundsatz der „rotation in office", d. h. der Uebergabe der Aemter an die jeweils siegreiche Partei, wurde erstmals in dem Gesetz vom 20. April 1820 als Rechtsprinzip anerkannt und sodann im Jahre 1846 gesetzlich zu einem fundamentalen Prinzip der republikanischen Regierungsform in den Vereinigten Staaten von Amerika erklärt. Ein Amt sollte nach dem Gesetz von 1820 nicht länger als 4 oder 5 Jahre, nach dem Gesetz von 1846 nicht länger als 8 Jahre hintereinander von demselben Inhaber verwaltet werden. Beamtenernennungen sollten nur entsprechend der parteipolitischen Zusammensetzung des Kongresses erfolgen. Zwecks Sicherung einer möglichst weitgehenden politischen Uebereinstimmung von Beamtentum und Parlament sollte alle 2 Jahre ein Viertel der Beamten ausscheiden, um neuen Parteifunktionären Platz zu machen. Der Beamte war damit offiziell der Vertrauensmann der ihn stützenden politischen Partei geworden und versah das ihm übertragene Staatsamt in deren Interesse. Wer Beamter werden wollte, mußte sich an die Partei wenden, ohne deren Protektion ein Amt nicht zu erlangen war. Der auf diesem Wege in sein Amt Gelangte fühlte sich nicht so sehr als Staatsbeamter, sondern als

---

13) Vgl. § 4 III, 3 u. § 6 II, 2 dieser Abhandlung.

14) Die folgenden Ausführungen stützen sich auf die ebenso interessante wie verdienstvolle Darstellung der amerikanischen Parteipatronage von Köttgen, Berufsbeamtentum, S. 189-213.

15) Vgl. The Spoils System and Civil Service Reform in the Custom House and Post Office at New York, S. 4.

Parteifunktionär. Das System der Parteipatronage hat für den amerikanischen Staat anerkanntermaßen überaus schädliche Folgen gehabt, ja es hat sogar beinahe zu einer Auflösung des Staates in mächtige, sich befehdende Parteiverbände geführt.

Die ersten offiziellen Bestrebungen zur Reform des amerikanischen Beamtenwesens, des civil service, gelangten in zwei Senatsreports aus den Jahren 1851/53 zum Ausdruck, in denen auf die durch das Patronagesystem arg beeinträchtigte „efficiency" des amerikanischen Berufsbeamtentums hingewiesen und im Interesse einer rationellen Staatsverwaltung um Abhilfe ersucht wurde. Den Reformbestrebungen, an denen sich angesehenste Politiker, darunter Allen Jenckes aus Rhode Island und der Deutsche Karl Schurz, mit einem für deutsche Verhältnisse unvorstellbaren Eifer beteiligten, war erst 30 Jahre später in Gestalt der civil service act vom 16. Januar 1883 ein greifbarer Erfolg beschieden.

Durch das vorgenannte Gesetz ist die amerikanische Beamtenschaft in zwei Gruppen eingeteilt, in den classified civil service und den unclassified civil service. Letzterer gliedert sich in zwei Untergruppen, die politischen Beamten i. S. des kontinentalen Staatsrechts und die laborers, die Staatsarbeiter. Das Rückgrat des amerikanischen Beamtentums bildet seit dem Gesetz von 1883 der classified civil service. Dieser ist durch die Einführung von Prüfungen in weitgehendem Maße parteipolitischen Einflüssen entzogen. Die Mitglieder des classified civil service haben sich vor ihrer Anstellung ausnahmslos einer Prüfung zu unterziehen, zu der jedermann zugelassen wird, der die gesetzlichen Vorbedingungen erfüllt. Wie für jede Anstellung ist auch für die meisten Beförderungen und die Versetzungen in ein anderes Amt das Bestehen einer entsprechenden Prüfung unabdingbare Voraussetzung. Die Ablegung der Prüfung erfolgt vor einem der sog. local boards of examiners der durch das Gesetz von 1883 eingesetzten United States Civil Service Commission. Die Civil Service Commission ist der gesetzliche Stellenvermittler der amerikanischen Beamtenschaft, der in keinem Falle übergangen werden kann. Will ein Behördenchef eine bei seiner Behörde freie Beamtenstelle besetzen, so muß er sich an die Kommission wenden, die ihm die drei obersten auf der Prüfungsliste stehenden Kandidaten benennt. Unter diesen drei Bewerbern muß der Behördenchef wählen. Er hat nicht die Möglichkeit, sich an die Kommission mit der Bitte um Benennung neuer Kandidaten zu wenden oder sich seine Beamten auf anderem Wege zu besorgen.

Anstellungen, Beförderungen und Versetzungen innerhalb des classified civil service sind nach alledem grundsätzlich nur von der persönlichen Tüchtigkeit des Bewerbers abhängig.

Der Grundsatz lebenslänglicher Anstellung, dessen Geltung zwecks weiterer Sicherung der Beamten des classified civil service vor parteipolitischen Einflüssen erwünscht wäre, ist in den Vereinigten Staaten gesetzlich zwar bis heute noch nicht anerkannt. Der Beamte des classified civil service kann aber nicht mehr, wie früher, ohne weiteres aus dem Dienst entlassen werden. Durch die civil service act von 1883 ist die Entlassung eines Beamten des classified civil service aus Gründen der Parteipolitik verboten. In dem Gesetz vom 24. August 1912 ist ausdrücklich bestimmt, daß eine Entlassung von Beamten des classified civil service nur im Interesse des Dienstes erfolgen dürfe. Der Beamte des classified civil service hat daher praktisch sein Amt heute bei „good behaviour" inne; er ist also zwar nicht lebenslänglich angestellt, wohl aber nur unter erschwerten Voraussetzungen absetzbar.

Dagegen können in den Vereinigten Staaten von Amerika die Stellen der zum unclassified civil service gehörigen politischen Beamten auch heute noch uneingeschränkt von den Parteien mit ihren Anhängern besetzt werden. Auf diese politischen Beamten, die vom Präsidenten unter Mitwirkung des Senats ernannt werden, finden die Bestimmungen der classified civil service-Gesetzgebung keine Anwendung. Ihre Anstellung, Beförderung und Versetzung ist daher nicht von dem Bestehen einer Prüfung abhängig. Bemerkenswerterweise hat sich die Zahl der zum unclassified civil service gehörigen politischen Beamten seit dem ersten Weltkrieg aber ständig verringert, während die Zahl der zum classified civil service gehörigen Beamten entsprechend angewachsen ist. Nach der Ansicht von Young[16]) dürfte für die Union die Zahl von 100 politischen Beamten vollkommen genügen.

In England ist man in Erinnerung an die Gefahren, welche die Aemterpatronage während der Zeit des ständischen Staates für die Verwaltung mit sich gebracht hatte, bei der um die Mitte des 19. Jahrhunderts erfolgten Schaffung eines modernen Berufsbeamtentums, des civil service, der Entstehung einer Parteipatronage durch die Einführung obligatorischer Prüfungen für die Angehörigen des civil service von vornherein wirksam entgegengetreten[17]).

---

16) Vgl. The new american government (1923), S. 602 ff.

17) Vgl. des Näheren Köttgen, Berufsbeamtentum, S. 169 ff.

Ueber die Parteipatronage in Frankreich, die trotz der Einführung obligatorischer Prüfungen und der Fernhaltung der Beamtenschaft vom Parlament neuerdings das dortige Berufsbeamtentum stärker bedroht als im Verlauf des 19. Jahrhunderts, vgl. Köttgen, a. a. O., S. 219 ff., 231 ff.

B. Die rechtlichen Einzelmaßnahmen zur Verhinderung der Parteipatronage im neuen deutschen Staat.

Mit Rücksicht auf das warnende Beispiel der Vereinigten Staaten von Amerika, die durch die Auslieferung der Beamten-Personalpolitik an die Parteien unstreitig schwere Schäden erlitten haben, sowie angesichts gewisser Mißstände, die sich im Weimarer Staat aus Uebergriffen der Parteien auf dem Gebiete der Beamten-Personalpolitik ergeben haben, müssen die erforderlichen rechtlichen Maßnahmen getroffen werden, um die Entstehung der Parteipatronage im neuen deutschen Staat von vornherein auszuschließen. Als rechtliche Maßnahme kommen in dieser Hinsicht in Frage: Die Anstellung des Beamten auf Lebenszeit (a), sein Schutz vor vorzeitiger Entfernung aus seinem Amt und seinem Beamtenverhältnis (b), die justizförmige Gestaltung des Dienststrafverfahrens (c), die Gewährleistung der subjektiven Beamtenrechte (d), die grundlegende gesetzliche Regelung des Anstellungs-, Beförderungs- und Prüfungswesens (e) sowie die Uebertragung der Beamten-Personalverwaltung und -Personalpolitik auf eine parteipolitisch neutrale Stelle im Staate (f). Für die hier unter a—d aufgeführten Maßnahmen sind die Vorschriften des Art. 129 Abs. 1—3 RV, für die hier unter (e) aufgeführten Maßnahmen sind die einschlägigen Vorschriften der amerikanischen classified civil service-Gesetzgebung als Vorbilder verwertbar.

a) Die Anstellung des Beamten auf Lebenszeit.

Die Anstellung des Beamten auf Lebenszeit ist im modernen Parteistaat eines der wichtigsten Mittel, um dem Berufsbeamtentum als Ganzem die erforderliche Widerstandskraft gegenüber den auf dasselbe einstürmenden parteipolitischen Gewalten zu sichern[18]). Daran ändert auch die Tatsache nichts, daß in den drei großen, modernen westlichen Parteienstaaten, in England, Frankreich und den Vereinigten Staaten von Amerika, die lebenslängliche Anstellung des Beamten als Rechtsgrundsatz bis heute unbekannt und in England nur de facto, als Satz der politischen Praxis, anerkannt ist[19]). Die Lebenslänglichkeit der Anstellung des Beamten schließt aus, daß die politischen Parteien mit Hilfe eines ihnen willfährigen Ressortministers oder Kabinetts ihnen politisch nicht genehme Beamte aus ihrem Amt und Beamtenverhältnis entfernen und deren Stellen mit ihren Anhängern besetzen. Der früher in Art. 129 Abs. 1

---

18) Vgl. Köttgen, Berufsbeamtentum, S. 153.

19) Vgl. Köttgen, Berufsbeamtentum, S. 183 ff., 202 ff., 228 ff.

Satz 1 RV niedergelegte Grundsatz der lebenslänglichen Anstellung des deutschen Beamten ist danach zum Schutze des Berufsbeamtentums vor den politischen Parteien in die neue deutsche Reichsverfassung zu übernehmen. Dabei bedarf es jedoch einer Ergänzung der vorerwähnten Vorschrift, um die seither gegebene Möglichkeit einer Umgehung des in Rede stehenden Grundsatzes auszuschließen. Art. 129 Abs. 1 Satz 1 RV lautet:

> „Die Anstellung der Beamten erfolgt auf Lebenszeit, soweit nicht durch Gesetz etwas anderes bestimmt ist."

Damit nicht die Entscheidung darüber, ob ein Beamter auf Widerruf (Kündigung) oder auf Lebenszeit anzustellen ist, wie im Weimarer Staat, durch einfaches Reichs- oder Landesgesetz dem Ermessen der Anstellungsbehörde überlassen wird[20]), ist in der neuen Reichsverfassung der dem Art. 129 Abs. 1 Satz 1 RV entsprechenden Vorschrift folgender aus § 30 Abs. 2 DBG entnommene Satz hinzuzufügen:

> „Bei Beamten auf Widerruf, die sich in einer Planstelle befinden, ist nach Ablauf einer Bewährungsfrist, die nach Vollendung des 27. Lebensjahres 3 Jahre nicht übersteigen darf, das Beamtenverhältnis in ein solches auf Lebenszeit umzuwandeln, wenn dies nicht gesetzlich ausgeschlossen ist."

Danach kann der m. E. gesunde Grundsatz des deutschen Beamtengesetzes, wonach der Beamte im Regelfalle zunächst auf Widerruf und erst nach Ablauf einer bestimmten Bewährungsfrist auf Lebenszeit angestellt wird[21]), unbedenklich beibehalten werden. Nur ist die im Deutschen Beamtengesetz auf längstens 6 Jahre festgelegte Bewährungsfrist im Interesse der Festigung des Berufsbeamtentums auf längstens 3 Jahre zu verkürzen.

b) Der Schutz des Beamten vor vorzeitiger Entfernung aus seinem Amt und seinem Beamtenverhältnis.

Ebenso wie die lebenslängliche Anstellung des Beamten dienen auch der dem Beamten durch Art. 129 Abs. 2 RV gewährte Schutz vor vorzeitiger Entfernung aus seinem Amt und seinem Beamtenverhältnis und die in Art. 129 Abs. 3 Satz 1 RV angeordnete justizförmige Gestaltung des Dienststrafverfahrens der Sicherung des Berufsbeamtentums vor Uebergriffen der im Staate herrschenden Parteien auf dem Gebiet der Beamten-Personalpolitik. Dem Art. 129 Abs. 2 und Art. 129 Abs. 3 Satz 1 RV entsprechende Bestimmungen müssen daher in die neue deutsche Reichsverfassung übernommen werden.

---

20) Vgl. § 4 III, 3 dieser Abhandlung.

21) Vgl. hierzu Heyland, Deutsches Beamtenrecht, § 15, S. 84 ff.

Nach Art. 129 Abs. 2 RV können die Beamten nur unter den gesetzlich bestimmten Voraussetzungen und Formen vorläufig ihres Amtes enthoben, einstweilen oder endgültig in den Ruhestand oder in ein anderes Amt mit geringerem Gehalt versetzt werden. Die einschlägigen gesetzlichen Vorschriften waren bisher für alle deutschen Beamten im Deutschen Beamtengesetz und in der Reichsdienststrafordnung niedergelegt. Sie finden sich für die Zwangsbeurlaubung des Beamten im § 6 DBG, für die vorläufige Dienstenthebung im Rahmen eines gegen den Beamten anhängigen Dienststrafverfahrens im § 78 RDStO, für die einstweilige Versetzung des Beamten in den Ruhestand, die heute sog. Versetzung in den Wartestand, in den §§ 43 ff. DBG, für die Versetzung des Beamten in den Ruhestand ebenso wie für die übrigen Fälle der Beendigung des Beamtenverhältnisses in den §§ 50 ff. DBG und für die Versetzung des Beamten in ein anderes Amt in § 35 DBG. Die vorerwähnten Vorschriften, die sich bereits seit längerer Zeit praktisch bewährt haben, dürften bei einer Neuregelung des deutschen Beamtenrechts im wesentlichen beizubehalten sein.

c) Die justizförmige Gestaltung des Dienststrafverfahrens.

Gemäß Art. 129 Abs. 3 Satz 1 RV muß gegen jedes dienstliche Straferkenntnis ein Beschwerdeweg und die Möglichkeit eines Wiederaufnahmeverfahrens eröffnet sein.

Um das Dienststrafverfahren, das heute für alle deutschen Beamten in der Reichsdienststrafordnung geregelt ist, auf der durch den Wortlaut und Geist des Art. 129 Abs. 3 Satz 1 RV geforderten justizförmigen Grundlage auszugestalten, muß die Reichsdienststrafordnung in wesentlichen Punkten geändert werden. So muß in Abänderung des § 26 RDStO dem Beschuldigten nach dem Vorbild des § 18 Abs. 2 der Preuß. Beamtendienstrafordnung vom 21. Jan. 1932 (BDStO) gestattet werden, gegenüber einer von der obersten Dienstbehörde im ersten Rechtszug erlassenen Dienststrafverfügung die Entscheidung eines Dienststrafgerichts, des Reichsdienststrafhofs, herbeizuführen. So ist die im § 15 BDStO vorgesehene Verjährung von Dienstvergehen wieder einzuführen und dem Beschuldigten entsprechend der Vorschrift des § 20 BDStO wieder das Recht zuzuerkennen, sich in jeder Lage des förmlichen Dienststrafverfahrens, also insbesondere auch schon während der Untersuchung, des Beistandes eines Verteidigers zu bedienen. Auch sonst wird die Reichsdienststrafordnung in mancher Hinsicht im Sinne der Preuß. Beamtendienststrafordnung vom 27. Jan. 1932 zu revidieren und dabei insbesondere die Oeffentlichkeit der Hauptverhandlung vor den Dienststrafgerichten wieder herzustellen sein.

d) Die Gewährleistung der subjektiven Beamtenrechte.

Zum Schutz des Berufsbeamtentums vor schädlicher Einflußnahme der politischen Parteien sind ferner die „wohlerworbenen Rechte" der Beamten in der neuen deutschen Reichsverfassung ausdrücklich zu gewährleisten. Indem die vorgenannten Rechte der Beamten dort nach dem Vorbild des Art. 129 Abs. 1 Satz 3 RV für unverletzlich erklärt werden, können, wie früher im Weimarer Staat, auch in Zukunft sämtliche aus dem Beamtenverhältnis fließende subjektiven Rechte und Rechtsansprüche der Beamten nicht durch einfaches Reichs- oder Landesgesetz, geschweige denn durch Verwaltungsakt, sondern nur mittels oder auf Grund eines verfassungsändernden Reichgesetzes aufgehoben oder geschmälert werden. Diese Regelung ist auch im neuen deutschen Staat beizubehalten. Andernfalls besteht die Gefahr, daß die im Parlament herrschenden Parteien die subjektiven Rechte der Beamten mittels einfacher Reichsgesetze, Landesgesetze oder Verwaltungsakte des ihnen willfährigen Kabinetts beeinträchtigen und auf diese Weise die Beamtenschaft unter Druck zu setzen versuchen.

Für die vermögensrechtlichen Ansprüche der Beamten wird, wie nach der Regelung des Art. 129 Abs. 1 Satz 4 RV, auch in der neuen deutschen Reichsverfassung der Rechtsweg vor den ordentlichen Gerichten (nicht vor den Verwaltungsgerichten!) offenzuhalten sein.

Im Weimarer Staat herrschte lebhafter Streit darüber, ob durch Art. 129 Abs. 1 Satz 3 RV nicht nur der Anspruch des Beamten auf standesgemäßen Unterhalt, sondern darüber hinaus auch der Anspruch des Beamten auf Beibehaltung der für ihn jeweils günstigsten besoldungsgesetzlichen Regelung geschützt sei[22]). In einem Staat mit einem im wesentlichen normalen Wirtschaftsleben und einer Finanzwirtschaft, deren Entwicklung einigermaßen übersehen werden kann, ist die verfassungsrechtliche Anerkennung eines wohlerworbenen Rechtes des Beamten auf Beibehaltung der jeweils günstigsten besoldungsgesetzlichen Regelung gewiß ebenso unbedenklich wie begrüßenswert. Anders liegen die Dinge aber in einem Staat, der den größten aller modernen Kriege verloren hat und dessen wirtschaftliche und finanzielle Entwicklung angesichts der

---

22) Vgl. etwa Carl Schmitt in DJZ 1931, Sp. 916 ff., insbes. Sp. 919; Brand, Das Beamtenrecht, 3. Aufl. § 31 Nr. 7, S. 127/28.

ungeheuren, ihm von den Siegermächten auferlegten Lasten nicht zu übersehen ist. In einem solchen Staat, wie dem heutigen Deutschen Reich, kann dem Beamten nur der Anspruch auf standesgemäßen Unterhalt verfassungsrechtlich gewährleistet werden. Die Höhe der dem Beamten zukommenden Bezüge muß unter Anpassung an die jeweilige Wirtschafts- und Finanzlage des Deutschen Reiches und der deutschen Länder durch einfaches Reichs- oder Landesgesetz bestimmt werden können. Durch eine derartige Regelung wird dem einzelnen Beamten ebenso wie dem Berufsbeamtentum als solchem ein angesichts der heutigen Zeitverhältnisse unbedingt ausreichender Schutz gewährt. Wollte die Beamtenschaft dagegen auf der Anerkennung eines wohlerworbenen Rechtes auf Beibehaltung der für sie jeweils günstigsten besoldungsgesetzlichen Regelung in der neuen deutschen Reichsverfassung bestehen, so würde sie sich nicht nur in weitesten Kreisen mit Recht dem Vorwurf eines weltfremden Doktrinarismus und Egoismus aussetzen, sondern gleichzeitig auch Wasser auf die Mühlen aller derjenigen liefern, die den Berufsbeamten als eine unzeitgemäße, finanziell unvorteilhafte Erscheinung beseitigt und durch den staatlichen Arbeitnehmer, den Behördenangestellten und Behördenarbeiter, ersetzt wissen wollen.

e) Das Anstellungs-, Beförderungs- und Prüfungswesen.

Die Gefahr, daß die politischen Parteien entscheidenden Einfluß auf das Berufsbeamtentum gewinnen, ist im demokratisch-parlamentarischen Staat besonders groß auf dem Gebiet des Anstellungs- und Beförderungswesens, sofern hier die Anstellung und Beförderung der Beamten staatlichen Stellen übertragen ist, die, wie der Ressortminister oder das Kabinett, von den im Parlament jeweils herrschenden Parteien, wenn auch nicht rechtlich, so doch tatsächlich abhängig sind. Die vorerwähnte Gefahr besteht dabei um so mehr, wenn die Anstellung als Beamter nicht durch das Bestehen einer gesetzlich vorgeschriebenen Prüfung bedingt und das Ermessen der Anstellungsbehörde bei der Auswahl von Bewerbern um Beamtenstellen infolgedessen unbegrenzt ist.

Zum Wesen des „Berufsbeamten" gehören „Berufskenntnisse", und zwar Berufskenntnisse, deren Besitz der Beamte vor seiner Anstellung durch Ablegung einer Prüfung nachgewiesen hat. Gerade wegen dieser Berufskenntnisse ist der Berufsbeamte zum unentbehrlichen Glied des modernen Staates geworden[23]). Um das Berufsbeamtentum auf dem Gebiet des Anstellungs- und Beförderungs-

23) Vgl. Köttgen, Berufsbeamtentum, S. 250.

wesens vor der berüchtigten Parteipatronage und damit insbesondere vor dem Eindringen nicht entsprechend vorgebildeter „Außenseiter" wirksam zu schützen, ist zweierlei erforderlich, nämlich einmal, daß die Anstellung als Beamter durch gesetzliche Vorschrift grundsätzlich von dem Bestehen einer Prüfung seitens des Bewerbers um die Beamtenstelle abhängig gemacht, und ferner, daß die Zuständigkeit zur Anstellung und Beförderung der Beamten in die Hand parteipolitisch neutraler staatlicher Stellen gelegt wird.

Im Weimarer Staat war den vorstehenden Erfordernissen zum Schutze des Berufsbeamtentums vor den Parteien auf dem Gebiete des Anstellungs- und Beförderungswesens nur unzulänglich Rechnung getragen.

Die Anstellung und Beförderung der Reichsbeamten war nach Art. 46 RV zwar dem parteipolitisch neutralisierten Reichspräsidenten übertragen. Da der Reichspräsident bei der Vornahme der einzelnen Anstellungs- und Beförderungsakte, wie bei der Vornahme aller sonstigen Regierungsakte, der Mitwirkung des Reichskabinetts bedurfte, so gab aber hierbei praktisch meist dieses, d. h. ein aus Parteipolitikern zusammengesetztes Reichsorgan, den Ausschlag. Die Anstellung und Beförderung der Landesbeamten stand nach der Verfassung der einzelnen deutschen Länder der Landesregierung, z. B. in Preußen, dem Staatsministerium[24]), ebenfalls einem aus Parteipolitikern zusammengesetzten Organ, zu.

Nach Art 128 Abs. 1 RV waren alle Staatsbürger ohne Unterschied entsprechend ihrer Befähigung und ihren Leistungen zu den öffentlichen Aemtern zuzulassen. Die Auswahl aller deutschen Beamten, der Reichs-, ebenso wie der Landes- und Kommunalbeamten, sollte demgemäß lediglich unter dem Gesichtspunkt der beruflichen Eignung des Bewerbers erfolgen. Die praktische Bedeutung der vorerwähnten Bestimmung der Weimarer Reichsverfassung war gleichwohl äußerst gering, da ein Ausführungsgesetz über die Vorbildung, die Ausbildung und die Prüfungen für die einzelnen Beamtenlaufbahnen fehlte. In dem für die Rechtsverhältnisse der Reichsbeamten maßgebenden Reichsbeamtengesetz waren keinerlei Bestimmungen über die Voraussetzungen der Anstellung als Reichsbeamter enthalten. Soweit derartige Bestimmungen für gewisse Gruppen von Reichsbeamten bestanden, waren sie fast ausnahmslos in Ministerialerlassen der betr. Verwaltungszweige niedergelegt, die von der obersten Anstellungsbehörde jederzeit einseitig abgeändert werden konnten. Nur in ganz vereinzelten Fällen, z. B. bei den

24) Vgl. Art. 52 PrVerf.

Richtern der ordentlichen Gerichtsbarkeit und den Mitgliedern des Reichsfinanzhofs, war die Anstellung des Beamten von bestimmten gesetzlichen Voraussetzungen abhängig gemacht. Die große Mehrzahl der Reichsämter stand dagegen einem unbegrenzten Kreise von Personen offen[25]).

Etwas günstiger für das Berufsbeamtentum war die Rechtslage in Preußen gestaltet. Durch das Gesetz über die Befähigung zum höheren Verwaltungsdienste vom 10. August 1906 (GS., S. 378) und vom 8. Juli 1920 (GS., S. 388) war grundsätzlich für die Mehrzahl der höheren Aemter in der inneren Verwaltung Preußens eine genau geregelte Vorbildung, Ausbildung sowie die Ablegung zweier Prüfungen zur Vorbedingung der Anstellung gemacht. Die Ausstellungsbehörde war daher hier, ähnlich wie bei der Justizverwaltung, bei der Auswahl der Bewerber um Beamtenstellen von vornherein auf einen ganz bestimmten Personenkreis beschränkt, dessen Angehörige mit Rücksicht auf die beiden bereits abgelegten Prüfungen eine gewisse Gewähr für ihre sachliche Eignung boten. Nur für bestimmte Beamtengruppen, insbesondere für die Landräte, Regierungspräsidenten und Oberpräsidenten, war von dem Erfordernis einer besonderen Berufsausbildung mit Rücksicht auf die Besonderheit des betreffenden Amtes abgesehen worden. Das preußische Gesetz vom 10. August 1906/8. Juli 1920 büßte jedoch erheblich an praktischer Bedeutung ein durch die Bestimmung, wonach die Minister des Innern und der Finanzen ermächtigt waren, in Ausnahmefällen auch Personen, welche die in dem Gesetz festgelegten Voraussetzungen nicht erfüllten, aber „auf Grund ihrer fachlichen Vorbildung und einer mindestens dreijährigen Tätigkeit in einem öffentlichen Verwaltungsdienste für die Stellung eines höheren Verwaltungsbeamten besonders geeignet erschienen", die Befähigung für den höheren Verwaltungsdienst zu verleihen. Dadurch war für das Eindringen von Außenseitern in die höheren Aemter der inneren Verwaltung Preußens der Weg freigemacht[26]).

Im nationalsozialistischen Staat war die Frage der Berufsausbildung des Beamten im § 26 Abs. 1 Nr. 2 DBG geregelt. Danach konnte Beamter nur werden, wer die für seine Laufbahn vorgeschriebene oder mangels solcher Vorschriften die übliche Vorbildung oder mangels einer Uebung die sonstige besondere Eignung besaß[27]). Die für die Laufbahnen der deutschen Beamten, namentlich der mittleren und gehobenen Beamten erforderliche Vorbildung und Ausbildung sowie die abzulegenden

25) Vgl. Köttgen, Berufsbeamtentum, S. 128.
26) Vgl. des Näheren Köttgen, Berufsbeamtentum, S. 129/30.
27) Vgl. Fischbach, DBG, 2. Aufl. Anm. II, 2 zu § 26, S. 456.

Prüfungen waren in der Verordnung über die Vorbildung und die Laufbahnen der deutschen Beamten vom 28. Febr. 1939 (RGBl. I, S. 371) festgelegt. Die für die Berufsausbildung der höheren Beamten maßgebenden Vorschriften waren in zahlreichen Gesetzen sowie Rechts- und Verwaltungsverordnungen zerstreut[28]. Alle diese Vorschriften vermochten aber nicht zu verhindern, daß, wie schon im Weimarer Staat, so auch im nationalsozialistischen Staat, sich zahlreiche Außenseiter ohne entsprechende Vorbildung Eingang in das Berufsbeamtentum verschafften.

Um das Berufsbeamtentum vor den Parteien und damit auch vor Außenseitern nachhaltig zu schützen, ist in die neue deutsche Reichsverfassung im Anschluß an die dem Art. 128 Abs. 1 RV entsprechende Vorschrift eine Bestimmung aufzunehmen, wonach jeder Bewerber um eine Beamtenstelle vor der Anstellung als Beamter eine Prüfung abzulegen hat. Eine Ausnahme hiervon ist nach Maßgabe eines Reichgesetzes nur hinsichtlich der politischen Beamten, der Ehrenbeamten und der Beamten im Vorbereitungsdienst[29] zuzulassen. Danach muß für den Begriff des Berufsbeamten in Zukunft wesentliches Merkmal sein, daß der Beamte den Besitz der erforderlichen Berufskenntnisse durch Ablegung einer Prüfung nachgewiesen hat.

Im Interesse einer einheitlichen, von der obersten Anstellungsbehörde nicht jederzeit abänderbaren Normierung wird in der neuen deutschen Reichsverfassung zu bestimmen sein, daß die Grundsätze für die Vorbildung, Ausbildung und Prüfungen der Beamten durch Reichsgesetz zu regeln sind. Die Regelung der Einzelheiten wird dabei besonderen Ausbildungs- und Prüfungsordnungen vorzubehalten sein, welche die obersten Anstellungsbehörden für ihren Geschäftsbereich erlassen und welche sich im Rahmen der Vorschriften des vorgenannten Reichsgesetzes halten müssen. Für das in Rede stehende Reichsgesetz werden aus der oben erwähnten Verordnung über die Vorbildung und die Laufbahnen der deutschen Beamten vom 28. Febr. 1939 sowie aus den im nationalsozialistischen Staat für die Berufsausbildung der höheren Beamten erlassenen Vorschriften manche Anhaltspunkte entnommen werden können.

---

28) Vgl. hierzu etwa die VO über die Laufbahn für das Amt des Richters u. Staatsanwalts vom 29. 3. 1935 (RGBl. I, S. 487); die VO über die Ausbildung für den höheren Dienst in der allgemeinen u. inneren Verwaltung vom 29. 6. 1937 (RGBl. I, S. 666); das Gesetz über die Befähigung zum höheren bautechnischen Verwaltungsdienst vom 16. 7. 1936 (RGBl. I, S. 563); die VO über die Ausbildung für den höheren Forstdienst vom 11. 10. 1937 (RGBl. I, S. 1129); die VO über die Ausbildung und Prüfung für den höheren vermessungstechnischen Verwaltungsdienst vom 3. 11. 1937 (RGBl. I, S. 1165).

29) Und zwar mit Rücksicht auf die Anwärter für den einfachen, mittleren und gehobenen Beamtendienst.

Bei der Organisation der Prüfungsbehörden ist besonders darauf Bedacht zu nehmen, daß dieselben aus parteipolitisch unbedingt neutralen Persönlichkeiten zusammengesetzt sind[30]. Für jeden Verwaltungszweig des Reiches und der Länder werden zweckmäßigerweise vier Prüfungsämter einzurichten sein, und zwar je eines für den höheren, den gehobenen, den mittleren und den einfachen Dienst. Die Leitung des gesamten Prüfungswesens ist für jeden Verwaltungszweig im Reich dem parteipolitisch neutralisierten ständigen Staatssekretär und in den Ländern dem parteipolitisch neutralisierten Landespersonalamt zu übertragen, die, wie später dargelegt werden wird, dort für die Bearbeitung der Beamten-Personalangelegenheiten einzusetzen sind.

Es erhebt sich die Frage, ob, wie in den Vereinigten Staaten von Amerika, nicht nur die Anstellung, sondern auch jede Beförderung des Berufsbeamten von der Ablegung einer Prüfung abhängig zu machen ist. Die Frage ist zu verneinen. „Beförderungsprüfungen" sind einmal aus dem Grunde abzulehnen, weil die Gefahr besteht, daß sie zu einer bloßen Formalität herabsinken[31]. Es fällt ferner entscheidend ins Gewicht, daß bei derartigen Prüfungen wohl das Maß von Berufskenntnissen des Bewerbers, nicht aber auch dessen praktische und charakterliche Eignung für das höhere Amt festgestellt werden kann. Zu der für die Beförderung ungemein wichtigen Beurteilung der praktischen und charakterlichen Eignung des Bewerbers zur Verwaltung des höheren Amtes sind aber nicht die Mitglieder eines Prüfungsausschusses, sondern nur die Dienstvorgesetzten in der Lage, die Gelegenheit hatten, den Bewerber während einer längeren Dienstzeit zu beobachten. Diese Erwägungen setzen sich übrigens auch in dem Heimatland der „Beförderungsprüfungen", den Vereinigten Staaten von Amerika, immer mehr durch. Von dem Grundsatz der Beförderungsprüfungen werden dort seit einiger Zeit in steigendem Maße Ausnahmen zugelassen.

In Frankreich sind in einzelnen Verwaltungszweigen besondere Beförderungslisten eingeführt, in die alle diejenigen Beamten aufgenommen sein müssen, die für eine Beförderung im Laufe des kommenden Jahres in Frage kommen sollen. Die Eintragung in diese Beförderungslisten erfolgt auf Grund der Entschließung eines eigens zu diesem Zwecke gebildeten Gremiums, von dem man die erforderliche Unparteilichkeit glaubt erwarten zu dürfen[32]. Die Einführung des französischen Listensystems ist aber ebensowenig zu empfehlen wie die Einführung des amerikanischen Systems der Beförderungs-

---

30) Vgl. auch Köttgen, Berufsbeamtentum, S. 250.
31) Vgl. Köttgen, Berufsbeamtentum, S. 255.
32) Vgl. hierzu Köttgen, Berufsbeamtentum, S. 255.

prüfungen. Denn auch das französische System bietet keine hinreichende Gewähr dafür, daß bei der Entscheidung über die Beförderung gerade auch die charakterliche Eignung des Bewerbers in entsprechender Weise berücksichtigt wird[33]).

Wie im Weimarer Staat, so wird auch im neuen deutschen demokratischen Staat die Ausübung des Beförderungsrechts dem im wesentlichen freien, pflichtmäßigen Ermessen der dafür zuständigen Stellen zu überlassen sein. Doch ist dafür zu sorgen, daß zur Ausübung des Beförderungsrechts nur solche Stellen berufen werden, die parteipolitisch neutral sind und daher eine unparteiische, rein sachliche Handhabung dieses Rechts gewährleisten. Die in den §§ 9—16 der Reichsgrundsätze über Einstellung, Anstellung und Beförderung der Reichs- und Landesbeamten vom 14. Oktober 1936 (RGBl. I, S. 893) enthaltenen Beschränkungen des Ermessens der zur Ausübung des Beförderungsrechts zuständigen Stellen werden prinzipiell aufrechtzuerhalten und den Belangen des neuen demokratischen Staates anzupassen sein.

f) Die Uebertragung der Beamten-Personalverwaltung und -Personalpolitik auf parteipolitisch neutrale Stellen im Staate.

Durch die von der neuen deutschen Reichsverfassung allgemein einzuführende Prüfung wird der Kreis der Personen, die für eine Anstellung als Beamte in Frage kommen, zwar entsprechend beschränkt werden. Für das freie Ermessen der Anstellungsbehörden wird bei der Auswahl der Anwärter auf Beamtenstellen aber trotzdem immer noch ein weiter Spielraum verbleiben. Ist die Anstellungsbehörde eine parteipolitischen Einflüssen ausgesetzte staatliche Stelle, so besteht daher die Gefahr, daß die Auswahl der Beamtenanwärter nicht nach rein sachlichen, sondern nach parteipolitischen Gesichtspunkten erfolgt. Um diese Gefahr auszuschließen, ist in den Vereinigten Staaten von Amerika, wie bereits bemerkt, die Regelung getroffen, daß der Behördenchef, der einen Beamten benötigt, diesen unter den obersten drei Kandidaten einer Prüfungsliste zu wählen hat, die ihm von der civil service commission präsentiert wird. Die Einführung dieses amerikanischen Systems ist aber abzulehnen, weil es der Bewegungsfreiheit der Anstellungsbehörde allzu starke Fesseln anlegt[34]). Es bleibt dabei zu bedenken, daß das Prüfungsergebnis allein nicht immer über den Wert eines Beamtenanwärters entscheidet, daß es beispielsweise tüchtige,

33) Im Ergebnis ebenso Köttgen, a. a. O., S. 255.
34) Ebenso Köttgen, Berufsbeamtentum, S. 250/51.

fleißige, charaktervolle Persönlichkeiten gibt, welche die Prüfung zwar gerade eben nur bestanden haben, welche sich dank ihrer Berufskenntnisse und Lebenserfahrung in der Praxis aber gut bewähren. Um die Gefahr einer Handhabung des Anstellungsrechts nach parteipolitischen Grundsätzen auszuschalten und dadurch die parteipolitische Neutralität des Berufsbeamtentums zu gewährleisten, wird das Recht zur Anstellung der Beamten im neuen deutschen Staat nicht einem aus Parteipolitikern zusammengesetzten Staatsorgan, nämlich dem Kabinett, oder einer seinen dienstlichen Weisungen unterworfenen Behörde, sondern einem parteipolitisch neutralen Staatsorgan zu übertragen sein. Nur ein solches Staatsorgan, dem außer der Anstellung auch die Beförderung der Beamten, die Versetzung in ein anderes Amt, die Versetzung in den Wartestand und die Beendigung des Beamtenverhältnisses, kurzum die gesamte Beamten-Personalverwaltung und -Personalpolitik anzuvertrauen ist, dürfte die Gewähr dafür bieten, daß die Beamten-Personalpolitik ausschließlich durch sachliche Erwägungen bestimmt wird, daß bei der Anstellung und Beförderung von Beamten allein die persönliche Tüchtigkeit und die Leistungen der Bewerber entscheiden.

Es bleibt zu prüfen, welchen der in der Organisation des neuen deutschen Staates vorhandenen, von der Verfassung als neutrale Faktoren ausersehenen unmittelbaren Staatsorganen die in Rede stehenden Beamtenangelegenheiten zu übertragen sind. Wie Köttgen treffend ausführt[35]), ist hierbei im Reich an den Reichspräsidenten, in den Ländern an den dort etwa eingesetzten Staatspräsidenten oder an die Gerichte zu denken.

Die Gerichte sind zwar durch ihre Zuständigkeiten auf dem Gebiete des Dienststrafverfahrens bereits mit der Bearbeitung wichtiger Beamtenangelegenheiten beauftragt. Eine Ausdehnung ihrer Zuständigkeiten auf die übrigen hier in Rede stehenden Beamtenangelegenheiten, namentlich auf die Anstellung und Beförderung der Beamten, ist aber nachdrücklich abzulehnen. Denn einmal handelt es sich hierbei um politische Zweckmäßigkeits-, nicht aber um Rechtsfragen, also um Fragen, deren Bearbeitung nicht zu den für die Gerichte spezifischen Aufgaben gehört. Es fällt ferner ins Gewicht, daß den Gerichten jene enge Vertrautheit mit den Belangen der Verwaltung im allgemeinen und den Belangen der einzelnen Verwaltungszweige fehlt, die bei einer mit der Bearbeitung von Anstellungs- und Beförderungsangelegenheiten betrauten Stelle unbedingt vorausgesetzt werden muß[36]).

---

35) Vgl. Handbuch Dt. StR. Bd. II § 61, S. 15/16.

36) Im Ergebnis zustimmend Köttgen, a. a. O., S. 15/16.

Für die Leitung der Beamten-Personalangelegenheiten, insbesondere für die Handhabung des Anstellungs- und Beförderungsrechts, kommt somit im neuen Deutschen Reich lediglich der Reichspräsident und in den neuen deutschen Ländern lediglich der Staatspräsident in Frage. In denjenigen Ländern, in denen kein Staatspräsident eingesetzt ist[37]), wird die Leitung der Beamten-Personalverwaltung einem Kollegium von überwiegend parteipolitisch neutralisierten Persönlichkeiten, dem weiter unten zu behandelnden „Landespersonalamt" zu übertragen sein.

Um eine neutrale Leitung der Beamten-Personalangelegenheiten durch den Reichs- oder Staatspräsidenten zu gewährleisten, muß dessen staatsrechtliche und politische Stellung gegenüber dem Kabinett insoweit verselbständigt werden: für alle Akte des Reichs- bzw. Staatspräsidenten auf dem Gebiete der Beamten-Personalverwaltung und -Personalpolitik ist die sonst vorgeschriebene Gegenzeichnung durch das Kabinett auszuschließen.

Zwecks Unterstützung des Reichs- bzw. Staatspräsidenten bei der Bearbeitung der in Rede stehenden Beamten-Angelegenheiten ist im Reich und in den betreffenden Ländern ein parteipolitisch neutralisierter ständiger Staatssekretär einzusetzen. Der ständige Staatssekretär muß aus dem Berufsbeamtentum hervorgegangen sein und auch in seinem Amt als Staatssekretär Berufsbeamter bleiben. Da der Staatssekretär in der öffentlichen Verwaltung, und vor allem auch in der Personalverwaltung, „von der Pieke auf" gedient haben wird, so darf bei ihm eine so eingehende Kenntnis der Belange der öffentlichen Verwaltung und namentlich auch der Personalverwaltung vorausgesetzt werden wie bei kaum einem anderen. Als Gehilfe des Reichs- bzw. Staatspräsidenten bei der Bearbeitung der Beamten-Personalangelegenheiten ist der ständige Staatssekretär, ähnlich wie das in der konstitutionellen Monarchie für den Minister gegenüber dem Monarchen galt, ausschließlich dem Reichs- bzw. Staatspräsidenten zu unterstellen und an dessen dienstliche Weisungen zu binden[38]). Im Interesse einer parteipolitisch neutralen Führung seines Amtes muß der ständige Staatssekretär dabei von jedweder Bindung an dienstliche Weisungen des Kabinetts oder gar des Parlamentes freigestellt werden.

---

37) Dies dürfte künftig, wie aus den z. Zt. herrschenden politischen Strömungen und den in einer Anzahl von deutschen Ländern inzwischen erlassenen neuen Verfassungen zu schließen ist, die überwiegende Mehrheit, wenn nicht gar die Gesamtheit der deutschen Länder sein.

38) Vgl. auch Köttgen, im Hdb. d. Dt. StR. Bd. II § 61, S. 16.

Sämtliche Akte des Reichs- bzw. Staatspräsidenten auf dem Gebiet der Beamten-Personalangelegenheiten sind von dem ständigen Staatssekretär gegenzuzeichnen. Derselbe übernimmt durch die Gegenzeichnung dem Parlament gegenüber die staatsrechtliche Verantwortung für den betr. Akt. Eine politische Verantwortlichkeit des ständigen Staatssekretärs gegenüber dem Parlament für die von ihm gegengezeichneten Akte findet nicht statt. Ein Sturz des Staatssekretärs auf Grund eines Mißtrauensvotums des Parlamentes ist ausgeschlossen. Durch die Zuständigkeit zur Gegenzeichnung sämtlicher Akte des Reichs- bzw. Staatspräsidenten auf dem Gebiete der Beamten-Personalangelegenheiten wird an der uneingeschränkten Bindung des ständigen Staatssekretärs an die dienstlichen Weisungen des Reichs- bzw. Staatspräsidenten nichts geändert. Glaubt der ständige Staatssekretär, eine Anordnung des Reichs- bzw. Staatspräsidenten nicht gegenzeichnen und ausführen und damit die staatsrechtliche Verantwortung für dieselbe nicht übernehmen zu können, so bleibt ihm, wie ehedem dem Minister in der konstitutionellen Monarchie, nur die Möglichkeit, den Reichsbzw. Staatspräsidenten um die Entlassung aus seinem Amte zu bitten.

Das Vorbild des „ständigen Staatssekretärs für Beamten-Personalangelegenheiten" ist der „permanent undersecretary", der an der Spitze des englischen Berufsbeamtentums steht. Seine Person wird von der englischen Staatspraxis aus dem Grunde mit Recht als besonders wichtig angesehen, weil er das Bindeglied zwischen den beiden völlig heterogenen Elementen der Exekutive zu bilden hat, zwischen dem Politiker auf der einen und dem Berufsbeamten auf der anderen Seite[39]).

Wie im englischen Staat, so muß auch im neuen deutschen Staat der ständige Staatssekretär das Bindeglied und damit der Vermittler zwischen dem aus Parteipolitikern zusammengesetzten Kabinett und dem parteipolitisch neutralisierten Berufsbeamtentum werden. Der ständige Staatssekretär muß, wie bereits bemerkt, selbst Berufsbeamter sein. Zwischen ihm und seinem öffentlichen Dienstherrn, dem Reich oder einem Land, muß ein Beamtenverhältnis im Sinne des Deutschen Beamtengesetzes bestehen. Der parteipolitisch neutralisierte ständige Staatssekretär muß danach nicht nur in politischer, sondern auch in rechtlicher Hinsicht ein Antipode des parteipolitisch gebundenen parlamentarischen Staatssekretärs sein, für den als politischen Funktionär seinem öffentlichen Dienst-

---

[39]) Vgl. Köttgen, Berufsbeamtentum, S. 187.

herrn, dem Reich oder einem Land, gegenüber, ein öffentlichrechtliches Amtsverhältnis eigener Art zu begründen ist.

Der ständige Staatssekretär hat die Spitzenstellung des deutschen Berufsbeamtentums inne. Das von ihm bekleidete Amt ist an Bedeutung dem Amt eines parlamentarischen Ministers als ebenbürtig zu erachten. Mit Rücksicht hierauf kommen für das Amt des ständigen Staatssekretärs nur die fähigsten Angehörigen des deutschen Berufsbeamtentums in Frage, Männer, die nicht nur überragende Berufskenntnisse, sondern auch einen besonderen politischen Takt, eine gewisse Anpassungsfähigkeit und vor allem einen lauteren, unbestechlichen Charakter besitzen[40]).

Der ständige Staatssekretär kann als „Berufsbeamter" nicht „politischer Beamter" sein. Die Gruppen der „Berufsbeamten" und der „politischen Beamten" sind künftig, ähnlich wie in den Vereinigten Staaten von Amerika der classified civil service und der unclassified civil service[41]), scharf voneinander zu unterscheiden. Der Berufsbeamte, der in die Stellung eines politischen Beamten einrückt, scheidet damit aus dem Berufsbeamtentum aus[42]).

Der ständige Staatssekretär ist aber mit Rücksicht auf die ihm übertragenen besonderen politischen Aufgaben, insbesondere mit Rücksicht auf seine Funktion als Vermittler zwischen Kabinett und Berufsbeamtentum, zu der neu zu schaffenden Gruppe der „politischen Berufsbeamten" zu zählen. Er gehört damit zu denjenigen Berufsbeamten, die ihrer besonderen politischen Aufgaben wegen nicht, wie die sonstigen Berufsbeamten, vom Reichs- bzw. Staatspräsidenten allein, sondern von diesem mit Zustimmung des Kabinetts ernannt werden und durch Zusammenwirken der vorgenannten beiden Stellen jederzeit in den Wartestand versetzt werden können[43]). Durch die vorstehende Regelung ist einmal Gewähr dafür geboten, daß zum ständigen Staatssekretär nur solche Berufsbeamte ernannt werden, die sowohl dem Reichs- bzw. Staatspräsidenten als auch dem Kabinett genehm sind, und von denen daher eine vertrauensvolle, reibungslose Zusammenarbeit mit den vorgenannten beiden Stellen erwartet werden darf. Die vorstehende Regelung eröffnet ferner aber auch einen Weg, auf dem ein ständiger Staatssekretär, der sich zu der vorerwähnten engen Zusammenarbeit mit dem Reichs- bzw. Staatspräsidenten einerseits und dem Kabinett andererseits nicht als befähigt zeigt, jederzeit aus seinem

[40]) Vgl. auch Köttgen, Berufbeamtentum, S. 257.
[41]) Vgl. Köttgen, Berufsbeamtentum, S. 201 ff., 208 ff.
[42]) Näheres hierüber im § 7 dieser Abhandlung.
[43]) Näheres hierüber im § 7 dieser Abhandlung.

Amt entfernt und durch eine geeignetere Persönlichkeit ersetzt werden kann.

Innerhalb des Bereichs der hier in Rede stehenden Beamten-Personalangelegenheiten dürfte dem Reichs- bzw. Staatspräsidenten lediglich die Anstellung, die Beförderung, die Versetzung in den Wartestand und die Beendigung des Beamtenverhältnisses der Beamten in Planstellen der Reichsbesoldungsgruppen A 2c 2 und aufwärts oder der entsprechenden Länderbesoldungsgruppen vorzubehalten sein. Alle übrigen Beamten-Personalangelegenheiten dürften dem ständigen Staatssekretär zur selbständigen Erledigung zu übertragen sein mit der Ermächtigung zur Weiterübertragung seiner Befugnisse auf nachgeordnete Behörden. Die vorerwähnte Weiterübertragung wird dabei an die Zustimmung des Reichs- bzw. Staatspräsidenten gebunden werden müssen. Die Verteilung der Zuständigkeiten zwischen dem Reichs- bzw. Staatspräsidenten einerseits und dem ständigen Staatssekretär andererseits erfolgt angesichts der Wichtigkeit des Gegenstandes zweckmäßigerweise nicht durch Verordnung des Reichs- bzw. Staatspräsidenten, sondern durch Reichs- bzw. Landesgesetz. Für die Abgrenzung der beiderseitigen Zuständigkeiten im einzelnen dürften der Erlaß des Führers und Reichskanzlers über die Ernennung der Beamten und die Beendigung des Beamtenverhältnisses vom 10. Juli 1937 (RGBl. I, S. 769) und die dazu von den einzelnen Reichsministern erlassenen Anordnungen über die Ernennung der Beamten innerhalb ihrer Verwaltung und die Beendigung des Beamtenverhältnisses[44]) beachtenswerte Anhaltspunkte liefern.

In Ländern ohne Staatspräsident ist zur Leitung der Beamten-Personalangelegenheiten — anknüpfend an das amerikanische Vorbild — ein aus fünf Mitgliedern bestehendes Kollegium, ein „Landespersonalamt", einzusetzen. Der Vorsitz ist dem Ministerpräsidenten oder einem von diesem zu bestimmenden anderen Mitglied der Landesregierung zu übertragen. Zwei Beisitzer sind von der Landesregierung zu ernennen, je ein weiterer Beisitzer ist von dem Landtag und den Beamten-Gewerkschaften zu bestimmen. Keiner der Beisitzer darf ein politisches Amt bekleiden oder Mitglied einer politischen Partei sein. Von den vier Beisitzern müssen

---

[44]) Vgl. etwa die Anordnung über die Ernennung der Beamten der allgemeinen und inneren Verwaltung und die Beendigung des Beamtenverhältnisses vom 19. Juli 1937 (RGBl. I, S. 819); Anordnung über die Ernennung der Beamten der Reichsjustizverwaltung und die Beendigung des Beamtenverhältnisses vom 12. August 1937 (RGBl. I, S. 902); Anordnung über die Ernennung und die Beendigung des Beamtenverhältnisses der Beamten der Reichsfinanzverwaltung und der Finanzverwaltungen der Länder ohne Preußen vom 11. Sept. 1937 (RGBl. I, S. 1010) i. d. F. der Ergänzung vom 30. Nov. 1938 (RGBl. I, S. 1667), berichtigt RGBl. 1938 I, S. 1704.

mindestens drei auf Lebenszeit angestellte Berufsbeamte sein. Sämtliche Mitglieder des Landespersonalamts müssen bei ihrer Tätigkeit unabhängig und dürfen nur dem Gesetz unterworfen sein. Die Entfernung aus ihrem Amt als Mitglied des Landespersonalamts darf nur unter denselben Voraussetzungen und in demselben Verfahren wie bei richterlichen Beamten zulässig sein. Die Zusammensetzung des Landespersonalamtes und die Unterstellung seiner sämtlichen Mitglieder unter richterliche Grundsätze dürften eine sichere Gewähr dafür bieten, daß das in Rede stehende Amt die ihm übertragenen Beamten-Personalangelegenheiten trotz der Mitwirkung eines Parteiministers als Vorsitzenden nicht nach parteipolitischen Gesichtspunkten, sondern unparteiisch erledigt, daß das Landespersonalamt als ein parteipolitisch neutrales Staatsorgan angesprochen werden kann. Die Beteiligung des erwähnten Parteiministers ist angezeigt, um dadurch die in der Praxis des staatlichen Lebens ebenso erwünschte wie erforderliche Verbindung zwischen dem Landespersonalamt und dem in ihm vertretenen parteipolitisch neutralisierten Berufsbeamtentum einerseits und der parteipolitisch gebundenen Landesregierung andererseits herzustellen[45]).

Es ist der Einwand zu gewärtigen, daß die hier vorgeschlagene Uebertragung der gesamten Beamten-Personalverwaltung und -Personalpolitik auf den Reichs- bzw. Staatspräsidenten und den ständigen Staatssekretär oder auf das Landespersonalamt und die damit verbundene Verselbständigung der Beamtenschaft gegenüber dem Kabinett mit der Unterstellung derselben Beamtenschaft unter die dienstlichen Weisungen desselben Kabinetts nicht verträglich sei, daß durch eine solche Verselbständigung der Stellung des Beamten gegenüber seinem Vorgesetzten die Autorität der Regierung gefährdet werde. Dieser Einwand ist aber nicht als stichhaltig anzuerkennen. Eine Gefährdung der Autorität der Regierung wurde — zu Unrecht — auch befürchtet, als seinerzeit der Grundsatz der Unabsetzbarkeit der Beamten verkündet und die Disziplinarsachen der Regierung genommen und den Gerichten übertragen wurden. Heute handelt es sich aber, wie Köttgen[46]) richtig bemerkt, schließlich nur darum, das gleiche Prinzip, das man bereits mit der Einrichtung der Disziplinargerichtsbarkeit verfolgte, auf einen breiteren Fragenkomplex, nämlich auf das Gebiet der Beamten-Personalverwaltung und -Personalpolitik zu übertragen. „Wie damals die Autorität der Regierung nicht gefährdet worden ist, braucht dies auch heute nicht

45) Im Reich und in Ländern mit Staatspräsident ist die Verbindung zwischen dem parteipolitisch neutralisierten Berufsbeamtentum und dem parteipolitisch gebundenen Kabinett durch die Person des Reichs- bzw. Staatspräsidenten und des ständigen Staatssekretärs für Beamten-Personalangelegenheiten geschaffen.

46) Vgl. Hdb. Dt. StR. Bd. II § 61, S. 16.

der Fall zu sein, wenn nur die an Stelle der Regierung eingeschalteten Organe (nämlich der Reichs- oder Staatspräsident und der ständige Staatssekretär oder das Landespersonalamt) ihren Verpflichtungen mit der gleichen Neutralität nachkommen werden, welche die Gerichte in ihrer Disziplinarpraxis immer ausgezeichnet hat[47])". In der Tat ist nicht einzusehen, inwiefern die Regierung durch die Abgabe der hier in Rede stehenden Machtvollkommenheiten gegenüber der nachgeordneten Beamtenschaft an der Erfüllung ihrer verfassungsmäßigen Aufgaben gehindert oder gar hierzu unfähig werden sollte. Der Uebertragung der gesamten Personalverwaltung und Personalpolitik auf den parteipolitisch neutralisierten Reichs- bzw. Staatspräsidenten und den parteipolitisch neutralisierten ständigen Staatssekretär oder auf das parteipolitisch neutralisierte Landespersonalamt, die, wie oben dargelegt, im Interesse der Fernhaltung parteipolitischer Einflüsse von dem Berufsbeamtentum unerläßlich ist, stehen nach alledem bei ruhiger, sachlicher Ueberlegung keinerlei Bedenken entgegen. Das muß um so mehr gelten, als eine in den Vereinigten Staaten von Amerika getroffene ähnliche Regelung sich dort seit langem voll bewährt und als wirksames Mittel zur parteipolitischen Neutralisierung des Berufsbeamtentums erwiesen hat.

3. Die rechtlichen Maßnahmen zur Fernhaltung des Berufsbeamtentums von den Parteien.

Die Weimarer Reichsverfassung hatte dem Berufsbeamtentum die Funktion eines neutralen Faktors im parlamentarisch-demokratischen deutschen Staat zugedacht. Sie hatte dementsprechend die Einrichtung des Berufsbeamtentums als solche in Art. 129 gewährleistet, hatte in Art. 130 Abs. 1 die parteipolitische Neutralität des Berufsbeamtentums proklamiert und hatte in Art. 129 eine Anzahl von Maßnahmen getroffen, um die politischen Parteien von dem Berufsbeamtentum fernzuhalten. Die Weimarer Reichsverfassung hatte aber keinerlei Maßnahmen ergriffen, um das Berufsbeamtentum seinerseits von den politischen Parteien fernzuhalten, sondern hatte im Gegenteil durch Art. 118 Abs. 1 in Verbindung mit Art. 130 Abs. 2 den Beamten den Weg in die politischen Parteien uneingeschränkt freigegeben[48]). Diese Regelung war nicht nur theoretisch durchaus widerspruchsvoll, sondern auch praktisch untragbar. Es bestand fortgesetzt die Gefahr, daß das Berufsbeamtentum aus der ihm von der Reichsverfassung zugedachten

---

[47]) Vgl. Köttgen, a. a. O., S. 16/17.
[48]) Näheres hierüber im § 4 III dieser Abhandlung.

Stellung eines neutralen Faktors im Staate entfernt und von „den staatsauflösenden Konsequenzen einer parlamentarischen Beute- und Gefolgschaftspraxis"[49]) ergriffen wurde. Der innere Widerspruch, an dem die von der Weimarer Reichsverfassung getroffene Regelung der staatsrechtlichen und politischen Stellung des Berufsbeamtentums litt, muß in der neuen deutschen Reichsverfassung unter allen Umständen vermieden werden. Um die Stellung des Berufsbeamtentums als neutralen Faktors im neuen deutschen Staat zu sichern, müssen nicht nur die hier vorgeschlagenen Maßnahmen zur Fernhaltung der politischen Parteien von dem Berufsbeamtentum, sondern auch Maßnahmen zur Fernhaltung des Berufsbeamtentums von den politischen Parteien getroffen werden. Als Maßnahmen dieser letzteren Art kommen in Betracht: der Ausschluß des Beamten von einer Betätigung in staatlichen und kommunalen Parlamenten (a), das Verbot der Beteiligung des Beamten an politischen Parteien (b) und das Verbot der Teilnahme des Beamten an regierungsfeindlichen öffentlichen Kundgebungen (c)[50]).

a) Der Ausschluß des Beamten von einer Betätigung in staatlichen und kommunalen Parlamenten.

Eines der wirksamsten Mittel, um den Beamten im modernen Parteienstaat von den politischen Parteien fernzuhalten, ist die Entziehung des passiven Wahlrechts und damit der Ausschluß des Beamten von der wichtigsten Form parteipolitischer Betätigung, der Uebernahme eines parlamentarischen Mandats.

Nachdem der von Bismarck vorgelegte Art. 21 des Entwurfs einer Verfassung des Norddeutschen Bundes, der eine sog. totale parlamentarische Inkompatibilität für Beamte vorsah, bei den Verhandlungen des verfassunggebenden Reichstags des Norddeutschen Bundes im März 1867 abgelehnt worden war[51]), ist die Frage des Ausschlusses der Beamten von der parlamentarischen Tätigkeit in den deutschen Parlamenten nicht wieder zur Diskussion gestellt worden. Die Vereinbarkeit der Tätigkeit des Beamten mit der des Abgeordneten war seitdem in Deutschland ein unabänderliches, ge-

---

49) Vgl. Carl Schmitt, Verfassungslehre, S. 172.

50) Den gegenteiligen Standpunkt vertritt die SPD in ihrem Aufruf zur Wahl für die verfassungberatende Großhessische Landesversammlung. Dort heißt es: „Beamte . . . müssen nicht nur wahlberechtigt sein, sondern auch das Recht haben, einer anerkannten demokratischen Partei anzugehören, sich in ihr zu betätigen und gewählt zu werden". Vgl. Gießner Freie Presse v. 27. 6. 1946 Nr. 65, S. 4.

51) Vgl. hierzu Verhandlungen des verfassunggebenden Reichstages des Norddeutschen Bundes, Materialien, Bd. II, S. 7 ff., 17 ff., 23, 34 ff., 38, 56 ff., 65.

radezu selbstverständliches politisches Dogma[52]). Berücksichtigt man ferner, daß die Weimarer Reichsverfassung nicht nur keine parlamentarische Inkompatibilität für Beamte kannte, sondern die Uebernahme von Abgeordnetenmandaten durch Beamte sogar offensichtlich begünstigte, so kann es, wie bereits bemerkt[53]), nicht wunder nehmen, daß während des Weimarer Staates die Beamten in den deutschen Parlamenten von allen Berufsarten das stärkste Kontingent stellten[54]). Zur Zeit des Weimarer Staates wurde zwar von namhaften Staatsrechtslehrern, vor allem von Carl Schmitt[55]), Arnold Köttgen[56]), Hans Gerber[57]) und Werner Weber[58]) die Forderung nach Ausschluß der Beamten von der parlamentarischen Tätigkeit erhoben. Die ebenso sorgfältig wie überzeugend begründeten Ausführungen dieser Staatsrechtstheoretiker fanden aber in der Staatspraxis keine Beachtung und wurden von den maßgebenden Vertretern der deutschen Beamtenschaft mit unverkennbarem Mißfallen zur Kenntnis genommen, da man in ihnen den Versuch zu einer ebenso unverdienten wie im demokratischen Staat untragbaren politischen Entrechtung des Beamten erblickte.

Der Ausschluß des deutschen Berufsbeamten von der Tätigkeit in Parlamenten, und zwar sowohl in staatlichen als auch in kommunalen Parlamenten, wird aber trotz der dagegen in der deutschen Beamtenschaft seither vorhandenen Abneigung in der neuen deutschen Reichsverfassung zur Norm erhoben werden müssen.

Die Notwendigkeit der parlamentarischen Beamteninkompatibilität pflegte früher mit der Erwägung begründet zu werden, daß dem beamteten Abgeordneten die für jeden Abgeordneten erforderliche Unabhängigkeit von der Regierung fehle und daß daher durch ihn die Macht der Regierung gegenüber dem Parlament möglicherweise eine inoffizielle unerwünschte Steigerung erfahre. Dieser Rechtfertigung der parlamentarischen Beamteninkompatibilität kommt heute aber nur noch eine geringe Ueberzeugungskraft zu. Durch das parlamentarische Regierungssystem ist der historische Gegensatz zwischen Regierung und Parlament in weitgehendem Maße beseitigt. Die Abhängigkeit des beamteten Abgeordneten von der Regierung schließt daher, abgesehen von den zur Opposition gehörenden beamteten Abgeordneten, für das Parlament keine Gefahr mehr

---

52) Vgl. hierzu Werner Weber i. Arch. Oeff. R. N. F. Bd. 19, S. 230.
53) Vgl. § 4 III dieser Abhandlung.
54) Vgl. des Näheren hierüber Köttgen, Berufsbeamtentum, S. 112/13; Werner Weber, a. a. O., S. 230.
55) Vgl. Verfassungslehre, S. 189 ff., 272.
56) Vgl. Berufsbeamtentum, S. 112 ff., 264 ff. u. im Hdb. Dt. StR. Bd. II § 61, S. 17.
57) Vgl. Arch. Oeff. R. N. F. Bd. 18, S. 66 ff.
58) Vgl. a. a. O., S. 230-32.

in sich. Im übrigen hat sich auch die Gefahr eines illegalen Drucks der Regierung auf die zur Opposition gehörenden beamteten Abgeordneten dadurch erheblich verringert, daß die rechtlichen Sicherungen der Beamtenstellung gegenüber der Regierung durch die Weimarer Reichsverfassung bedeutend verstärkt worden sind[59]).

Die Einführung der parlamentarischen Beamteninkompatibilität wird dagegen auch heute durch zwei Argumente zwingend gefordert, auf die sich schon Bismarck zur Begründung des bereits erwähnten Art. 21 des Entwurfs einer Verfassung des Norddeutschen Bundes im Jahre 1867 berufen hat[60]): die durch die Abgeordnetentätigkeit des Beamten einmal bewirkte Gefährdung der Unparteilichkeit seiner Amtsführung und die dadurch ferner bewirkte Gefährdung der Dienstzucht innerhalb der Beamtenschaft.

Durch die Teilnahme des Beamten am parlamentarischen Parteienkampf wird das Vertrauen der Bevölkerung in die Unparteilichkeit seiner Amtsführung erschüttert. Es besteht der Verdacht, daß der als Abgeordneter tätige Beamte auch „im Rahmen seiner Beamtentätigkeit in der einseitigen Blickrichtung befangen bleibe, in die er als Abgeordneter und aktiver Parteiangehöriger hineingezwungen werde, und daß er sein Amt zur Förderung und Begünstigung seiner Parteifreunde und etwa von ihm vertretener privater Interessentengruppen mißbrauche"[61]). Dieser Verdacht ist besonders stark beim richterlichen Beamten, der durch Uebernahme eines Abgeordnetenmandats nach Ansicht weitester Bevölkerungskreise von vornherein den Nimbus der Ueberparteilichkeit einbüßt. Um die Zweifel der Bevölkerung an einer unparteiischen, d. h. durch parteipolitische Bindungen unbeeinflußten Amtsführung der Beamtenschaft zu beseitigen und damit den im Staatsinteresse erforderlichen Nimbus der Ueberparteilichkeit der Beamtenschaft zu festigen, ist der Ausschluß der Beamten von der parlamentarischen Tätigkeit unerläßlich.

Ebenso unerläßlich ist der Ausschluß der Beamten von der parlamentarischen Tätigkeit aber auch im Interesse der Dienstzucht innerhalb der Beamtenschaft. Die Abgeordnetentätigkeit des Beamten verletzt und überschneidet dessen Einordnung in den öffentlichen Dienst. „Sie macht den Beamten zum Vertreter partikularer Interessen, wo er nur die Belange des Staates verfolgen soll; sie verlangt von ihm Kritik am Staat und seinen Organen, wo er dem Staat hingegeben sein soll; sie macht ihn zum Angreifer gegen staat-

59) Vgl. des Näheren Werner Weber, a. a. O., S. 210 ff., 216 ff.
60) Vgl. Verhandlungen des verfassunggebenden Reichstags des Norddeutschen Bundes, Materialien Bd. II, S. 53 ff.
61) Vgl. Werner Weber, a. a. O., S. 221.

liche Formen und Institutionen, die er als Staatsdiener zu erhalten und verteidigen hat; sie fordert von ihm parteiische Stellungnahme in Sachverhalten, in denen er zu strenger Neutralität verpflichtet ist; sie setzt ihn endlich zur kontrollierenden Instanz über diejenigen, denen er als Beamter gehorchen soll[62])." Die hier aufgezeigten Widersprüche beweisen, daß Beamtendienst und Abgeordnetentätigkeit miteinander unvereinbar sind, daß die Uebernahme eines Abgeordnetenmandats dem Wesen der Beamtenstellung widerspricht, die den Beamten zur Hingabe seiner gesamten Persönlichkeit an seinen öffentlichen Dienstherrn, den Staat, verpflichtet.

Ein weiteres Argument, das zwingend zugunsten der Einführung der parlamentarischen Beamteninkompatibilität spricht, ist die Gefahr einer verschleierten Korruption innerhalb der Beamten-Personalpolitik, die durch die Vereinigung von Abgeordnetenmandat und Beamtenstellung heraufbeschworen wird. Der Einflußbereich eines Abgeordneten innerhalb und außerhalb des Parlaments ist in der Regel so groß und weitverzweigt, daß es ihm nicht schwerfällt, sich in seiner Beamtenstellung Vorteile zu verschaffen, die ihm ohne seinen parlamentarischen Einfluß nicht zugute gekommen wären. Die Vereinigung von Abgeordnetenmandat und Beamtenstellung führt, wie mit Recht betont worden ist, dahin, daß der Beamte „letzten Endes sich selbst befördert, besoldet und pensioniert"[63]). Dabei kommt nicht immer bewußte Ausnutzung der Abgeordnetenstellung durch den Beamten in Frage. Respekt und Berechnung der Vorgesetzten sowie der Aemterschacher der Parteien als solcher bilden oft den eigentlichen Anlaß, einem Abgeordneten beamtenrechtliche Vorteile zuzuwenden, die er selbst nicht nachgesucht hat[64]). Die hier angedeuteten korruptionsähnlichen Erscheinungen, welche die moralische Integrität des Beamtentums ernstlich bedrohen, sind aber nur durch Ausschluß des Beamten von der parlamentarischen Tätigkeit zu verhüten.

Die schweren Bedenken, die im Vorigen gegen die Vereinigung von Abgeordnetenmandat und Beamtenstellung erhoben worden sind, lassen sich nicht etwa durch die Erwägung ausräumen, daß im Falle der Ausschaltung der Beamten aus den Parlamenten, diesen besonders wertvolle Kräfte entzogen würden, die dank ihrer fachlichen Kenntnisse und auf Grund ihrer ständigen Beschäftigung mit staatlichen Angelegenheiten vorzüglich geeignet seien, die Arbeit der Parlamente nachhaltig zu befruchten. Die besondere Eignung der

---

62) So die treffende Formulierung von Werner Weber, a. a. O., S. 225/26; ähnlich auch Köttgen, Berufsbeamtentum, S. 113/14, 264 ff.

63) Vgl. „Den Ring" (Berlin 1929) Heft 17, S. 317.

64) Vgl. Werner Weber, a. a. O., S. 224.

Beamten zur Mitwirkung an den Aufgaben der Parlamente soll gewiß nicht verkannt werden. Trotzdem sind die Beamten heute nicht mehr wie zu den Zeiten des frühen Konstitutionalismus die vornehmlichen Träger der Intelligenz, Bildung und fachlichen Erfahrung, die ihre Teilnahme an der parlamentarischen Arbeit daher als unbedingt erwünscht erscheinen ließe[65]). Davon abgesehen bleibt zu beachten, daß die hier dargelegten Nachteile, die sich aus einer parlamentarischen Tätigkeit des Beamten ergeben, die damit für den Staat und die Gesamtheit verbundenen Vorteile bei weitem überwiegen.

Soll das Berufsbeamtentum seine Funktion als neutraler Faktor im neuen deutschen Staate erfüllen, so muß es sich durch unparteiische Amtsführung, straffe Dienstzucht und streng sachliche, gerechte Handhabung seiner Personalpolitik auszeichnen. Um die ernsten Gefahren, die dem Berufsbeamtentum nach den vorstehenden Darlegungen in dieser Hinsicht durch die Abgeordnetentätigkeit seiner Mitglieder drohen, ein für allemal abzuwenden und dadurch seine neutrale Funktion zu gewährleisten, ist in die neue deutsche Reichsverfassung eine Bestimmung aufzunehmen, wonach Beamte, mit Ausnahme der politischen Beamten, der Wahlbeamten und der Ehrenbeamten, zum Reichstag, zur Volksvertretung in den Ländern sowie zur Vertretung der Gemeinden und Gemeindeverbände nicht wählbar sind.

Der Ausschluß der Berufsbeamten von der parlamentarischen Tätigkeit ist dabei nicht auf die Tätigkeit in den staatlichen Parlamenten, dem Reichstag und den Landtagen, zu beschränken, sondern auf die Tätigkeit in den kommunalen Parlamenten auszudehnen[66]). Denn das Berufsbeamtentum kann nur dann als neutraler Faktor innerhalb der staatlichen Organisation fungieren, wenn es von jedem Parlamentsbetrieb und dadurch von der Verbindung mit den in jedem Parlament wirkenden politischen Parteien ferngehalten wird[67]).

---

65) Vgl. auch Werner Weber, a. a. O., S. 230; Köttgen, Berufsbeamtentum, S. 111.

66) Nach dem in Preußen bis 1918 geltenden Gemeindeverfassungsrecht war den besoldeten Gemeindebeamten das passive Wahlrecht zur Stadtverordnetenversammlung und Gemeindevertretung durchweg ausdrücklich entzogen. Vgl. etwa § 17 Abs. 1 Ziff. 2 der StO. für die sechs östlichen Provinzen vom 30. Mai 1853; § 17 Abs. 1 Ziff. 2 der StO. für Westfalen vom 19. März 1856; § 16 Abs. 1 Ziff. 2 der StO. für die Rheinprovinz vom 15. Mai 1856; § 53 Abs. 1 Ziff. 2 der LGO. für die sieben östlichen Provinzen vom 3. Juli 1891; § 30 Abs. 1 Ziff. 2 der LGO. für Westfalen vom 19. März 1856; § 51 Abs. 1 Ziff. 2 der GO. für die Rheinprovinz vom 15. Mai 1856. Eine Ausnahme galt lediglich für die Beigeordneten nach der StO. und der GO. für die Rheinprovinz und die zum Gemeindevorstande gehörenden Gemeindebeamten nach der LGO. für Westfalen.

67) Der Grundsatz der sog. parlamentarischen Beamteninkompatibilität muß für alle Arten von Berufsbeamten Geltung haben. Es besteht keine Veranlassung, für bestimmte Gruppen von Berufsbeamten, z. B. für die Lehrer, eine Befreiung von der vorerwähnten Norm eintreten zu lassen.

Der hier empfohlenen Einführung der totalen parlamentarischen Inkompatibilität für die deutschen Berufsbeamten entspricht auch die in den drei großen westlichen Demokratien, in England, den Vereinigten Staaten von Amerika und Frankreich, seit langem geltende Regelung.

In England besteht die parlamentarische Beamten-Inkompatibilität bereits seit der im Jahre 1701 erlassenen „Act of Settlement", die einen allgemeinen Ausschluß aller königlichen Beamten vom Parlament vorsah. Die Vorschriften der „Act of Settlement" wurden durch die während der Regierung der Königin Anna im Jahre 1707 in Kraft getretenen Disqualifikationsbestimmungen der „Succession of Crown Act" gemildert und ersetzt. Danach wurden nur alle diejenigen königlichen Beamten vom Parlament ausgeschlossen, deren Aemter erst nach dem 5. Okt. 1705 eingerichtet worden sind. Die Inhaber der alten ständischen offices behielten somit ihre Sitze im Parlament, jedoch mit der Maßgabe, daß durch die Uebernahme des Amtes ihre Mitgliedschaft im Parlament zwar grundsätzlich erlosch, Wiederwahl aber gestattet war. Die in der „Succession of the Crown Act" niedergelegten Rechtsregeln gelten in England noch heute, doch sind sie im Laufe der Zeit durch zahlreiche Gesetze ergänzt worden. Durch die Local Governement Act des Jahres 1894 ist den Kommunalbeamten der Weg in die kommunalen Parlamente versperrt. Anerkannter Grundsatz des heute geltenden englischen Staatsrechts ist, daß dem nichtpolitischen Beamten, nämlich dem Angehörigen des permanent civil service, das passive Wahlrecht entzogen und damit der Zutritt zum Parlament versagt ist. Eine gegenteilige Regelung gilt jedoch für die politischen Beamten, nämlich die Mitglieder des vom Kabinett scharf zu unterscheidenden Ministeriums („ministry"), die dem Parlament nicht nur angehören können, sondern angehören müssen[68]).

In den Vereinigten Staaten von Amerika ist die parlamentarische Beamteninkompatibilität in Art. I Sec. 6 der Unionsverfassung von 1787 festgelegt. Dortselbst ist bestimmt, daß kein Mitglied des Kongresses gleichzeitig Beamter der Union sein darf. Durch die vorgenannte Vorschrift der Unionsverfassung sind in den Vereinigten Staaten nicht nur die zum classified civil service gehörigen Berufsbeamten, sondern auch die zum unclassified civil service gehörigen politischen Beamten vom Parlament ausgeschlossen. Diese hinsichtlich der politischen Beamten immerhin auffallende

---

68) Näheres hierüber bei Köttgen, Berufsbeamtentum, S. 181—183, 165/66; Hatschek, Engl. Staatsrecht, Bd. I, S. 268 ff.; Werner Weber, a. a. O., S. 210/11 Anm. 124.

Regelung dürfte hauptsächlich darauf zurückzuführen sein, daß die Unionsverfassung von 1787 den grundsätzlichen Unterschied zwischen politischen und nichtpolitischen Beamten noch nicht kannte.

Durch Art. I Sec. 6 der Unionsverfassung von 1787 sind in den Vereinigten Staaten von Amerika Beamtenschaft und Parlament scharf voneinander getrennt. Der in der vorerwähnten Verfassungsbestimmung verankerte Ausschluß der Beamten vom passiven Wahlrecht und damit vom Parlament ist auch heute noch einer der wichtigsten staatsrechtlichen Grundsätze, die innerhalb der Vereinigten Staaten von Amerika gelten[69]).

In Frankreich wurde nach langem Widerstand der Krone durch ein Gesetz vom 12. Sept. 1830 zunächst eine partielle parlamentarische Inkompatibilität für die Beamten eingeführt. Ein Gesetz vom 9. April 1831 fügte für einzelne Beamtengruppen eine totale Inkompatibilität hinzu. Die seit langem erhobene Forderung nach einer generellen totalen Inkompatibilität fand endlich in Art. 28 der Verfassung von 1848 ihre Erfüllung. Seitdem gilt in Frankreich, von kurzen Unterbrechungen abgesehen, der Grundsatz, daß Beamtenstellung und Abgeordnetenmandat miteinander unvereinbar sind. Dieser Grundsatz war früher in den Gesetzen vom 30. Nov. 1875, (Art. 8) und vom 26. Mai 1887 und ist heute in Art. 88 des Staatshaushaltsgesetzes vom 30. Dez. 1928 niedergelegt.

Um die unter Napoleon III. in größtem Maße betriebene Wahlbeeinflussung durch die Exekutive nach Möglichkeit zu verhindern, kann sich heute kein französischer Beamter in einem Bezirk als Kandidat aufstellen lassen, in dem er irgendwelche amtlichen Einflußmöglichkeiten auf die Wahl besitzt. Der Beamte ist in diesem Wahlkreis unwählbar. In anderen Bezirken kann der Beamte zwar kandidieren, eine gleichzeitige Ausübung des Amtes und des Mandates ist aber unstatthaft. Alle besoldeten Beamten der Republik müssen, falls sie in das Parlament gewählt worden sind, innerhalb einer Frist von 8 Tagen erklären, ob sie die Wahl annehmen. Bejahendenfalls oder im Falle des Ausbleibens einer Erklärung schied der Beamte nach dem Gesetz vom 30. Nov. 1875 aus dem Staatsdienst aus. Nach dem Gesetz vom 21. Okt. 1919 verliert der Beamte durch Annahme der Wahl nicht mehr seine Beamtenstellung, sondern wird für die Dauer der Innehabung des Mandates lediglich beurlaubt. Niemand kann gleichzeitig das Amt eines Beamten und das Mandat eines Abgeordneten, eines Senators oder Deputierten, innehaben.

Eine Ausnahme hiervon findet nur hinsichtlich der politischen Beamten, in erster Linie hinsichtlich der in Frankreich zu den

69) Vgl. hierzu Köttgen, Berufsbeamtentum, S. 207 ff.

politischen Beamten zählenden Minister, sowie hinsichtlich einiger weniger anderer Beamtengruppen statt, deren Ausschluß von dem Parlament man mit Rücksicht auf die Besonderheit ihres Beamtenverhältnisses nicht für erwünscht hielt. Zu den Beamten, die ihre amtliche und ihre parlamentarische Tätigkeit nebeneinander ausüben können, gehören außer den bereits erwähnten Ministern: die Unterstaatssekretäre, Botschafter, Gesandten, der Seinepräfekt, der Polizeipräfekt von Paris, der Chefpräsident und Generalstaatsanwalt des Kassationshofes, die obersten Beamten des Rechnungshofs und die Universitätsprofessoren[70].

b) Das Verbot der Beteiligung des Beamten an politischen Parteien.

Der Ausschluß des Beamten vom Parlament genügt allein nicht, um das Berufsbeamtentum von den politischen Parteien fernzuhalten und dadurch dessen Funktion als neutraler Faktor im neuen deutschen Staat zu gewährleisten. Um dieses Ziel zu erreichen, muß dem Beamten außerdem die Beteiligung an politischen Parteien verboten werden. Unter Beteiligung an einer politischen Partei ist dabei das Bekenntnis des Beamten zu einer politischen Partei durch Mitgliedschaft und Beitragszahlung an die Parteikasse sowie die außeramtliche aktive Betätigung des Beamten für eine Partei, und zwar als Versammlungsredner, Parteischriftsteller oder Mitarbeiter in der inneren Organisation der Partei, zu verstehen. Ohne dieses Verbot bestehen für das Berufsbeamtentum ähnliche Gefahren, wie sie ihm im Falle der Zulassung seiner Angehörigen zur Abgeordnetentätigkeit drohen: daß es den Nimbus unparteiischer Amtsführung verliert, daß die es zur Einheit zusammenschweißende Dienstzucht leidet und daß sich bei der Handhabung der Beamten-Personalpolitik infolge parteipolitischer Einflüsse Korruptionserscheinungen bemerkbar machen.

c) Das Verbot der Teilnahme des Beamten an regierungsfeindlichen öffentlichen Kundgebungen.

Im Interesse der Stellung des Berufsbeamtentums als neutralen Faktors im neuen deutschen Staate kann endlich die Teilnahme des Beamten an regierungsfeindlichen öffentlichen Kundgebungen nicht

70) Vgl. Köttgen, Berufsbeamtentum, S. 209/10; Werner Weber, a. a. O., S. 208/9, Anm. 123 u. S. 211 Anm. 126; Ernst von Hippel, Der französische Staat der Gegenwart (1928) § 1, S. 25/26.

geduldet werden. Denn durch die Teilnahme an solchen Kundgebungen wird das Vertrauen der Bevölkerung in die Unparteilichkeit des Beamten bei seiner Amtsführung erschüttert und die Dienstzucht innerhalb der Beamtenschaft gefährdet.

Die hier unter b und c vorgeschlagenen Maßnahmen decken sich weitgehend mit entsprechenden Maßnahmen, die in den Vereinigten Staaten von Amerika und in Frankreich zum Schutz der parteipolitischen Neutralität des Berufsbeamtentums getroffen worden sind. So ist den Beamten der Union durch die erste Civil Service Rule jede aktive politische Betätigung, insbesondere die Teilnahme an politischen Kämpfen ausdrücklich verboten:

> „Persons who by the provisions of these rules are in the competitive classified civil service, while retaining the right to vote as to they please and to express privately their opinions on all political subjects, shall take no active part in political management or in political campaigns[71]."

Auch in England ist den Berufsbeamten eine aktive parteipolitische Betätigung untersagt. Der Berufsbeamte darf sich insbesondere nicht an „Parteistreitigkeiten" beteiligen, weil er nach der Auffassung der maßgebenden amtlichen Stellen sonst nicht als der uninteressierte Berater seines Ministers erscheinen und nicht länger in der Lage sein würde, seinen Dienst unparteiisch zu versehen[72]).

In Frankreich ist durch ein Gesetz vom 30. Aug. 1883 den Beamten die Beteiligung an regierungsfeindlichen Demonstrationen ausdrücklich verboten.

Weitergehende als die hier unter a bis c befürworteten Maßnahmen kommen zur Fernhaltung des deutschen Berufsbeamtentums von der Parteipolitik nicht in Frage. Insbesondere ist den Beamten auch im neuen deutschen Staat das aktive Wahlrecht zum Reichstag, den Volksvertretungen der Länder sowie den Vertretungen der Gemeinden und Gemeindeverbände zu belassen. Irgend ein zwingender Grund, der im Staatsinteresse einen Eingriff auch in dieses den Beamten als Staatsbürgern zustehende politische Recht forderte, besteht nicht. Bei der Ausübung seines aktiven Wahlrechts und

71) Vgl. hierzu Köttgen, Berufsbeamtentum, S. 207.

72) Vgl. dazu Krause, ZBR Bd. 4, S. 213.

Im Zusammenhang hiermit interessiert eine Anfrage, die der Abgeordnete Peter Freeman am 6. 3. 1947 im englischen Unterhaus gestellt hat. Freeman wollte wissen, ob die Vorschriften, die den Berufsbeamten hindern, als Kandidat bei Wahlen aufzutreten oder sich für oder gegen Wahlkandidaten einzusetzen, gemildert würden. Der Premierminister erwiderte, die Frage werde z. Zt. geprüft, das Ergebnis stehe noch nicht fest. Die Polizei nehme eine besondere Stellung ein. Es sei nicht beabsichtigt, die augenblicklichen Bestimmungen für sie zu ändern; es sei überhaupt unerwünscht, wenn sich gewisse Beamtenkategorien parteipolitisch betätigten. Vgl. Parlamentary Debates, House of Commons, Vol. 434 No. 62 clos. 643/44.

des ihm gleichfalls zuzuerkennenden Rechtes der Stimmabgabe bei Volksbegehren, Volksentscheiden und sonstigen Volksabstimmungen muß es dem Beamten freistehen, seine Stimme für jede auf dem Boden der demokratischen Staatsordnung stehende politische Partei abzugeben. Die Stimmabgabe für eine Partei anderer Art würde mit der Treuepflicht, die für den Beamten seinem öffentlichen Dienstherrn, dem Staat, gegenüber begründet ist, nicht in Einklang zu bringen sein.

In die neue deutsche Reichsverfassung kann angesichts der oben angeregten Eingriffe in die politischen Rechte des Beamten eine dem Art. 130 Abs. 2 RV entsprechende Bestimmung, die allen Beamten die Freiheit der Aeußerung ihrer politischen Gesinnung gewährleistet, zwar nicht aufgenommen werden. Die neue deutsche Reichsverfassung muß vielmehr außer der bereits erwähnten Bestimmung über die Entziehung des passiven Wahlrechts eine Bestimmung enthalten, die den Beamten mit Ausnahme der politischen Beamten, der Wahlbeamten und der Ehrenbeamten die Beteiligung an politischen Parteien und die Teilnahme an regierungsfeindlichen öffentlichen Kundgebungen ausdrücklich verbietet. Darin ist aber keine dem Gleichheitsgrundsatz des Art. 109 Abs. 1 RV widerstreitende „politische Entrechtung" des Beamten zu erblicken. Auch wenn man die Vorschrift des Art. 109 Abs. 1 RV entgegen den überzeugenden Darlegungen von Anschütz[73]) nicht nur als an die Adresse des Richters und der Verwaltung, sondern auch als an die Adresse des Gesetzgebers gerichtet betrachtet, kommt ein Verstoß gegen die vorerwähnte Norm nur in dem Falle in Frage, daß die ungleiche Behandlung gleicher Tatbestände durch den Gesetzgeber Willkür bedeuten, d. h. auf dem Mangel einer ernsthaften, sachlichen Erwägung beruhen würde[74]). Davon kann aber bei der hier vorgeschlagenen Beschränkung der politischen Rechte der Beamten keine Rede sein. Die Beschränkung der politischen Rechte der Beamten in der neuen deutschen Reichsverfassung wird von uns nicht etwa gefordert, um den Beamten als Zeichen allgemeiner Geringschätzung seiner Leistungen zum Staatsbürger zweiter Klasse zu stempeln. Die hier in Rede stehende Beschränkung ist vielmehr, wie im vorigen immer wieder gezeigt worden ist, unerläßlich, um die neutrale Funktion des Berufsbeamtentums im neuen deutschen Staat zu gewährleisten. Die oben angeführten Maßnahmen zur Fernhaltung

73) Vgl. RV 3. u. 4. Aufl. Anm. 1 zu Art. 109, S. 305; ebenso Giese, RV 8. Aufl. Anm. 1 zu Art. 109, S. 246.

74) Vgl. Triepel, Goldbilanzenverordnung und Vorzugsaktien (1924), S. 30; Leibholz, Die Gleichheit vor dem Gesetz (1925), S. 87; Aldag, Die Gleichheit vor dem Gesetz in der Reichsverfassung (1925), S. 51.

der Beamten von den politischen Parteien bedeuten daher keine Zurücksetzung oder gar Entehrung des deutschen Berufsbeamtentums[75]), sondern sind lediglich eine notwendige Folgeerscheinung der ihm zugedachten staatsrechtlich und politisch ebenso bedeutsamen wie ehrenvollen Stellung im neuen demokratischen deutschen Staat. Sie „beleuchten nur die Eigentümlichkeiten des Beamtenverhältnisses als eines politischen Sonderstatus, für den die Existenz privilegierender Bestimmungen nicht minder charakteristisch ist wie alle diesen korrespondierenden Beschränkungen"[76]).

75) Und zwar ebensowenig wie etwa Art. 44 RV eine Zurücksetzung oder Entehrung des Reichspräsidenten in sich schließt!

76) Vgl. Köttgen im Hdb. Dt. StR. Bd. II § 61, S. 18.

§ 7

Der politische Beamte und der politische Berufsbeamte im neuen deutschen Staat

I. Der politische Beamte.

Der bereits dem konstitutionell-monarchischen deutschen Staat ebenso wie dem parlamentarisch-demokratischen Weimarer Staat bekannte Typ des „politischen Beamten" ist als unentbehrliche Erscheinung des staatlichen Lebens, zumal des politischen Lebens im modernen Parteienstaat, auch in den neuen demokratischen deutschen Staat zu übernehmen.

1. Begriff und Wesen des politischen Beamten.

Unter einem politischen Beamten versteht man einen Beamten, der vorzugsweise politische Sachen zu bearbeiten, hierbei die Politik der Regierung aktiv zu vertreten, d. h. nachdrücklich und umsichtig zu fördern hat, und der, da er stets das besondere Vertrauen der politischen Führung haben muß, jederzeit, ohne daß ein dienststrafrechtlicher Anlaß vorzuliegen braucht, seines Amtes enthoben und in den Wartestand versetzt werden kann.

Der politische Beamte ist zwar nicht wie der Minister in der parlamentarischen Demokratie ein staatlicher Funktionär eigener Art, sondern ebenso wie der Berufsbeamte Beamter im Sinne des Deutschen Beamtengesetzes. Trotzdem besteht aber zwischen diesen beiden Arten von Beamten, dem politischen Beamten und dem Berufsbeamten, ein grundlegender Wesensunterschied. Derselbe kommt namentlich im Folgenden zum Ausdruck:

Der politische Beamte kann, braucht aber nicht aus dem Berufsbeamtentum hervorgegangen zu sein. Der politische Beamte kann dementsprechend Berufskenntnisse besitzen und deren Besitz durch Ablegung einer Prüfung nachgewiesen haben. Es braucht dies aber nicht der Fall zu sein, wie uns das Beispiel zahlreicher aus dem Kreise der Parteipolitiker stammender politischen Beamten lehrt.

Der Berufsbeamte hat regelmäßig nur die politischen Entscheidungen und Richtlinien der Regierung durchzuführen. Für selbständige politische Ermessensentscheidungen ist der Berufsbeamte grundsätzlich nicht zuständig. Für den politischen Beamten ist demgegenüber kennzeichnend, daß er in weitgehendem Maße selbständige politische Entscheidungen innerhalb der Sphäre des ihm anvertrauten freien Ermessens zu treffen hat. Der politische Beamte soll hierbei die Durchführung der Regierungspolitik möglichst bis in die Lokalinstanz gewährleisten.

Der Berufsbeamte ist parteipolitisch neutralisiert. Er hat sich bei seiner amtlichen Tätigkeit nicht von parteipolitischen Erwägungen, sondern lediglich von der Rücksichtnahme auf das Wohl „der Gesamtheit" leiten zu lassen. Der politische Beamte ist demgegenüber grundsätzlich parteipolitisch gebunden. Er kann und wird regelmäßig Mitglied einer politischen Partei sein und pflegt ihrem Einfluß seine amtliche Stellung zu verdanken. Der politische Beamte wird dementsprechend bei seinen politischen Ermessensentscheidungen prinzipiell die politischen Anschauungen seiner Partei und, im Falle einer Koalitionsregierung, die politischen Anschauungen der in dem Kabinett vertretenen politischen Parteien, der Koalitionsparteien, zum Ausdruck bringen.

2. Die Rechtsstellung des politischen Beamten.

Angesichts des grundlegenden Wesensunterschiedes, der zwischen dem politischen Beamten und dem Berufsbeamten besteht, ist für den politischen Beamten eine beamtenrechtliche Sonderstellung zu begründen.

Eine bestimmte Vorbildung sowie die Ablegung einer Prüfung sind dabei von dem politischen Beamten nicht zu verlangen. Da der politische Beamte Vertrauensmann der in dem Kabinett jeweils vertretenen Parteien sein soll, ist seine Anstellung nicht wie die des Berufsbeamten dem parteipolitisch neutralisierten Reichs- bzw. Staatspräsidenten oder dem Landespersonalamt, sondern dem aus Parteipolitikern zusammengesetzten Kabinett zu übertragen. Ebenso muß auch die Beförderung, die Versetzung in ein anderes Amt, die Versetzung in den Wartestand und die Beendigung des Beamtenverhältnisses des politischen Bamten in die Hände des Kabinetts gelegt werden. Um den Anschein zu vermeiden, als ob beim politischen Beamten die Rechtsstellung des Beamten mißbraucht werden solle als „bequeme Versorgungsanstalt" für Parteipolitiker ohne besondere Vorbildung und ohne besonderen Leistungswillen[1]), ist entsprechend der Vorschrift des § 28 Abs. 2 Ziff. 2 DBG zu bestimmen, daß die Anstellung des politischen Beamten auf Lebenszeit erst dann erfolgen darf, wenn er das ihm übertragene Amt fünf Jahre lang

1) Vgl. hierzu Hans Gerber im Arch. Oeff. R. N. F. Bd. 18, S. 71/72.

geführt hat. Eine Ausnahme von dieser Regel ist für solche politische Beamte zuzulassen, welche aus dem Berufsbeamtenverhältnis übernommen werden, also über Berufskenntnisse verfügen und eine entsprechende Prüfung abgelegt haben.

Die den Berufsbeamten zwecks ihrer Fernhaltung von den Parteien auferlegten politischen Beschränkungen kommen für die politischen Beamten nicht in Frage. Den letzteren ist das passive Wahlrecht ebenso wie die Befugnis, einer politischen Partei beizutreten und sich für dieselbe aktiv zu betätigen, ohne Vorbehalt zuzuerkennen. Kraft der Treuepflicht, die für sie als Beamte ihrem öffentlichen Dienstherrn, dem Staat, gegenüber besteht, werden auch die politischen Beamten sich allerdings von regierungsfeindlichen öffentlichen Kundgebungen in jedem Falle fernhalten müssen.

3. Politische Beamte und Berufsbeamtentum.

Im Weimarer Staat wurden die politischen Beamten zum Berufsbeamtentum gerechnet. Sie waren formell ein Teil des Berufsbeamtentums, ohne Rücksicht darauf, ob sie aus demselben oder aus den Kreisen der Parteipolitiker hervorgegangen waren.

Im neuen deutschen Staat werden die politischen Beamten mit Rücksicht auf den grundlegenden Wesensunterschied, der zwischen ihnen als parteipolitisch gebundenen Beamten und den parteipolitisch neutralisierten Berufsbeamten besteht, auch formell aus dem Berufsbeamtentum ausgeschieden und zu einer besonderen Gruppe von Beamten zusammengefaßt werden müssen. Wie in den Vereinigten Staaten von Amerika der classified civil service und der unclassified civil service, so werden in Deutschland künftig das Berufsbeamtentum und die Gruppe der politischen Beamten scharf voneinander zu unterscheiden sein. Der Berufsbeamte, dem ein politisches Amt übertragen wird, hört damit auf, Berufsbeamter zu sein. Doch besteht für ihn durch die Uebernahme in ein nichtpolitisches Amt jederzeit die Möglichkeit, zum Berufsbeamtentum zurückzukehren. Mit Rücksicht auf die beamtenrechtliche Sonderstellung des politischen Beamten wird die Versetzung eines Berufsbeamten in ein politisches Amt und seine Rückversetzung in ein nichtpolitisches Amt nur mit ausdrücklicher Zustimmung des betreffenden Beamten zuzulassen sein. Durch die Rückversetzung in ein nichtpolitisches Amt muß der Berufsbeamte, der als politischer Beamter einer politischen Partei beigetreten ist, aus derselben automatisch ausscheiden.

II. Der politische Berufsbeamte.

Von der Gruppe der politischen Beamten zu unterscheiden ist die neu zu schaffende Gruppe der politischen Berufsbeamten.

1. Begriff und Wesen des politischen Berufsbeamten.

Im deutschen Staate gibt es Aemter, deren Inhaber, ähnlich wie die politischen Beamten, in weitgehendem Maße innerhalb der Sphäre des ihnen anvertrauten freien Ermessens selbständige politische Entscheidungen zu treffen und dabei die Politik der Regierung und der jeweils in ihr vertretenen Parteien nachdrücklich und umsichtig zu fördern haben. Es handelt sich dabei um Aemter, die nicht, wie die den politischen Beamten übertragenen Aemter, auch von Parteipolitikern ohne entsprechende Vorbildung und Berufserfahrung verwaltet werden können, sondern die, wie etwa die Spitzenstellungen im diplomatischen Dienst, die Aemter der Botschafter und Gesandten, im Staatsinteresse von besonders kenntnisreichen, erfahrenen und fähigen Berufsbeamten verwaltet werden müssen. Die Inhaber der vorerwähnten Aemter sind die politischen Berufsbeamten.

Wir verstehen hiernach unter einem politischen Berufsbeamten einen Berufsbeamten, der in weitgehendem Maße politische Sachen zu bearbeiten, hierbei die Politik der Regierung aktiv zu vertreten, d. h. nachdrücklich und umsichtig zu fördern hat, und der, da er stets das besondere Vertrauen der politischen Führung haben muß, jederzeit, ohne daß ein dienststrafrechtlicher Anlaß vorzuliegen braucht, seines Amtes enthoben und in den Wartestand versetzt werden kann.

2. Die Rechtsstellung des politischen Berufsbeamten.

Der politische Berufsbeamte ist „Berufsbeamter". Er muß die Berufskenntnisse eines Berufsbeamten besitzen und deren Besitz durch Ablegung einer Prüfung nachgewiesen haben. Als Berufsbeamter ist der politische Berufsbeamte parteipolitisch neutralisiert. Für ihn gelten die gleichen politischen Beschränkungen wie für jeden nichtpolitischen Berufsbeamten. Ihm steht nicht das passive Wahlrecht zu; auch darf er nicht einer politischen Partei beitreten und sich für dieselbe aktiv betätigen. Die Eigenart der Stellung des politischen Berufsbeamten besteht darin, daß er, sofern er in seinem Amt politische Ermessensentscheidungen zu treffen hat, die Politik der in der Regierung vertretenen Parteien, also letzten Endes wie der Parteiminister „Parteipolitik" zu treiben hat.

Mit Rücksicht auf das besondere Vertrauensverhältnis, das zwischen dem politischen Berufsbeamten und dem Kabinett bestehen muß, geht es nicht an, die Vornahme der auf die Begründung, Veränderung und Beendigung des Beamtenverhältnisses der politischen Berufsbeamten gerichteten Rechtsakte, wie beim nichtpolitischen Berufsbeamten, ausschließlich dem Reichs- bzw. Staatspräsidenten oder dem Landespersonalamt zu übertragen. An den vorgenannten Akten ist vielmehr das Kabinett zu beteiligen. Anstellung, Beförderung, Versetzung in ein anderes Amt, Versetzung in den Wartestand und Beendigung des Beamtenverhältnisses der politischen Berufsbeamten werden danach durch den Reichs- bzw. Staatspräsidenten oder das Landespersonalamt mit Zustimmung des Kabinetts zu erfolgen haben. Im übrigen dürften die für die nichtpolitischen Berufsbeamten geltenden Vorschriften auch auf die politischen Berufsbeamten Anwendung zu finden haben, mit der bereits erwähnten Maßgabe, daß politische Beamte — im Gegensatz zu den nichtpolitischen Berufsbeamten — jederzeit, ohne daß ein dienststrafrechtlicher Anlaß vorzuliegen braucht, ihres Amtes enthoben und in den Wartestand versetzt werden können. Mit Rücksicht auf die beamtenrechtliche Sonderstellung, welche die politischen Berufsbeamten durch ihre jederzeitige Versetzbarkeit in den Wartestand einnehmen, wird die Versetzung des nichtpolitischen Berufsbeamten in das Amt eines politischen Berufsbeamten nur mit dessen ausdrücklicher Zustimmung erfolgen dürfen.

III. Die Aemter für politische Beamte und politische Berufsbeamte.

Die Zahl der Aemter für politische Beamte und politische Berufsbeamte ist im neuen deutschen Staat, im Reich ebenso wie in den Ländern, im Interesse einer stabilen Staatsführung und einer ruhigen, zielbewußten Förderung der Verwaltungsaufgaben, namentlich auch in Zeiten längerer parlamentarischer Krisen, nach Möglichkeit zu beschränken. Dem entspricht auch die Entwicklung in anderen modernen Parteienstaaten.

In England ist im Laufe der Zeit die Zahl der Aemter für politische Beamte fortgesetzt planmäßig verringert worden und ein Amt nach dem andern aus der politischen Sphäre in die des nichtpolitischen permanenten Berufsbeamtentums hinübergewechselt. Die Zahl der politischen Beamten, die im Jahre 1914 noch 300 betrug, ist inzwischen weiter gesenkt worden. So gehören heute z. B. die sämtlichen Mitglieder der ausländischen Vertretungen dem permanent civil service an und sind damit aus der Gruppe der politischen Beamten ausgeschieden[2]).

In den Vereinigten Staaten von Amerika hat sich, wie bereits bemerkt[3]), die Zahl der zum unclassified civil service gehörigen politischen Beamten seit dem ersten Weltkrieg ständig verringert, während die Zahl der zum classified civil service gehörigen Beamten entsprechend angewachsen ist. Die Zahl der heute für die gesamte Union erforderlichen politischen Beamten wird von Young auf nicht mehr als 100 geschätzt. Der frühere Präsident W. Wilson hat in seinem im Jahre 1919 erschienenen Werke „The State" für die Union sogar eine ausnahmslose parteipolitische Neutralisierung des gesamten Beamtentums im Sinne des classified civil service gefordert, weil ein tieferer Grund für die besondere Stellung der politischen Beamten mit Rücksicht auf die heutige starke Zentralisierung der amerikanischen Exekutivverfassung überhaupt nicht mehr vorhanden sei[4]).

Im neuen deutschen Staat sind aus der Gruppe der politischen Aemter auszuscheiden und in nichtpolitische Aemter umzuwandeln innerhalb des Bereiches der auswärtigen Verwaltung die Aemter des höheren Dienstes im Auswärtigen Amt sowie bei den diplomatischen und konsularischen Vertretungen, innerhalb der Justizverwaltung die Aemter der Staatsanwälte. Bei beiden Gruppen von Aemtern handelt es sich um Dienstposten, die aus Gründen des Staatswohls nur mit entsprechend vorgebildeten und erfahrenen Berufsbeamten zu besetzen sind. Für die Aemter der Staatsanwälte wird die Besetzung durch Berufsbeamte auch künftig dadurch zu sichern sein, daß für die Inhaber dieser Aemter wie in dem bisherigen, so auch in dem neuen Reichsgerichtsverfassungsgesetz die Befähigung zum Richteramt verlangt wird.

Zahlreiche bisher politische Aemter werden in Aemter für politische Berufsbeamte umzuwandeln sein. Hierher gehören die Aemter der Ministerialdirektoren, der Ministerialdirigenten bei bestimmten politischen Dienststellen, der Botschafter und Gesandten und der Regierungsvizepräsidenten. Ein Ministerialdirektor oder Ministerialdirigent, der in seinem Verwaltungszweig nicht selbst sachkundig ist, sondern sich bei seinen Räten Belehrung holen und sich auf die Richtigkeit der von diesen vorgeschlagenen Entscheidungen verlassen muß, ist ebenso fehl am Platz wie ein Botschafter oder

---

2) Vgl. Köttgen, Berufsbeamtentum, S. 185/86 u. dortselbst auf S. 186 Anm. 2 u. 3.
3) Vgl. § 6 III 2 dieser Abhandlung.
4) Vgl. W. Wilson, a. a. O., S. 376, zit. nach Köttgen, Berufsbeamtentum, S. 212 Anm. 2.

Gesandter, der die Formen des diplomatischen Verkehrs nicht von Grund auf beherrscht. Daß der Vertreter des Regierungspräsidenten zur erfolgreichen Führung seines Amtes nicht nur eine schnelle Entschlußkraft, sondern auch gediegene Berufskenntnisse und eine in langjährigem Dienst erworbene reiche Berufserfahrung besitzen muß, liegt auf der Hand und bedarf keines weiteren Beweises.

Es wird ferner die Umwandlung der Hälfte oder von zwei Dritteln der Aemter der Landräte, die seither politische Aemter waren und heute Wahlämter sind[5]), in Aemter für politische Berufsbeamte zu erwägen sein. Die Wahl der Landräte, auch soweit sie politische Berufsbeamte sein müssen, mag dabei bestehen bleiben. Angesichts der verwickelten organisatorischen, rechtlichen, wirtschaftlichen und sozialen Verhältnisse des modernen Staates ist es unbedingt erwünscht, daß auch der Landrat „Fachmann" ist, daß er über Berufskenntnisse und Berufserfahrung verfügt. Einem Landrat, der nicht selbst Berufsbeamter ist, wird ein Berufsbeamter des höheren Verwaltungsdienstes als Berater und Vertreter beigeordnet werden müssen. Bei der hier vorgeschlagenen Regelung sind hinreichend Stellen vorhanden, die es auch begabten Politikern, namentlich Parlamentariern, ermöglichen, außer der Tätigkeit eines Regierungspräsidenten auch die eines Landrats auszuüben und sich dadurch für die Posten von Ministern und parlamentarischen Staatssekretären zu qualifizieren. Es bleiben ferner aber auch genügend Stellen für solche Berufsbeamte übrig, welche den Wunsch nach parteipolitischer Betätigung haben und dementsprechend in das Lager der „politischen Beamten" hinüberwechseln wollen.

Die Gefahr, daß infolge der hier vorgeschlagenen Verminderung der Zahl der politischen Aemter die Durchführung der jeweiligen Regierungspolitik bis in die Lokalinstanz nicht genügend gesichert sei, dürfte nicht eben groß sein. Erforderlichenfalls ist der Minister jederzeit in der Lage, besondere Vertrauensleute einzusetzen, die nachprüfen, ob die von ihm aufgestellten politischen Richtlinien und die von ihm getroffenen Entscheidungen nicht nur im Ministerium selbst, sondern auch in den diesem unterstellten Behörden gewissenhaft durchgeführt werden.

---

[5]) Abgesehen von der britischen Zone, wo diese Aemter überhaupt keinen Beamtencharakter haben.

§ 8

Beamtenvertretungen und Beamtenvereine

In Art. 130 Abs. 3 RV war den Beamten das Recht auf Beamtenvertretungen zugesichert. Die nähere Regelung dieses Rechtes sollte für die Reichs- und Landesbeamten durch Reichsgesetz erfolgen. In Art. 130 Abs. 2 RV war den Beamten die in Art. 124 RV allen Deutschen zuerkannte Vereinigungsfreiheit nochmals besonders gewährleistet. Durch Art. 159 RV war den Beamten daneben auch die sog. wirtschaftliche Vereinigungsfreiheit „zur Wahrung und Förderung der Arbeits- und Wirtschaftsbedingungen" ausdrücklich zugebilligt.

I. Beamtenvertretungen.

Dem Reichstag haben im Weimarer Staat nicht weniger als drei Entwürfe zu dem in Art. 130 Abs. 3 RV vorgesehenen Reichsgesetz betr. Beamtenvertretungen vorgelegen. Keiner dieser Entwürfe ist aber vom Reichstag verabschiedet worden. Doch waren für fast alle Reichs- und Landesbeamte durch Verwaltungsanordnungen vorläufige Beamtenausschüsse eingerichtet worden, welche die persönlichen Berufsinteressen der Beamten bei den einzelnen Behörden ihren Dienstvorgesetzten gegenüber vertreten sowie das Einvernehmen der bei der betr. Behörde beschäftigten Beamten untereinander und das Vertrauen zwischen ihnen und den Vorgesetzten heben sollten[1]).

Der Beamtenvertretung ist, sofern sie nicht nur ein Scheindasein führt, sondern sich nachdrücklich für die Belange der von ihr vertretenen Beamten einsetzt und dabei gleichzeitig auch pflichtgemäß die Belange der Verwaltung berücksichtigt, nicht nur ein bedeutsamer, sondern auch ein günstiger Einfluß auf die innerdienstlichen Verhältnisse der betr. Behörde gesichert. Das Recht der Beamten auf Beamtenvertretungen ist demgemäß unbedenklich in die neue Reichsverfassung zu übernehmen. Die Regelung der Einzelheiten wird dabei, wie in Art. 130 Abs. 3 RV, einem Reichsgesetz vorzubehalten sein. Dabei ist der Beamtenvertretung ein Recht auf Anhörung durch die vorgesetzte Behörde in bestimmten innerdienstlichen

---

1) Vgl. Heinrich Daniels im Hdb. Dt. StR. Bd. II § 64, S. 47; Brand, Das Beamtenrecht, 3. Aufl. § 29, S. 116/17.

Angelegenheiten ausdrücklich zuzuerkennen, so namentlich bei der Aufstellung der Geschäftsordnung sowie des jährlichen Urlaubsplanes, bei der Schaffung von Wohlfahrtseinrichtungen, etwa der Einrichtung einer Betriebsküche für die betr. Behörde, bei der Bearbeitung von Unterstützungsanträgen von Beamten und vor der Verhängung von Dienststrafen in dem „Verfahren des Dienstvorgesetzten" über Beamte der betr. Behörde. Den Beamten ist zur Pflicht zu machen, daß sie Wünsche und Beschwerden in persönlichen Angelegenheiten, bevor sie sich an andere Stellen oder an Beamtenverbände wenden, zunächst der Beamtenvertretung vortragen, die versuchen soll, innerhalb der Behörde einen gütlichen Ausgleich herbeizuführen.

Die Beamtenvertretung kann ferner auch dadurch wertvolle Arbeit leisten, daß sie namentlich bei großen Behörden, bei denen der Behördenchef die einzelnen Beamten persönlich nicht genauer kennt, diesen beim Einsatz der Beamten berät und ihn dabei auf junge Talente aufmerksam macht, die besondere Förderung verdienen.

II. Beamtenvereine.

Im Weimarer Staat bestanden zahlreiche Beamtenvereine, sog. Beamtenorganisationen. Innerhalb der Spitzenorganisationen der deutschen Beamtenschaft waren besonders bemerkenswert der Deutsche Beamtenbund und der Allgemeine Deutsche Beamtenbund. Der Deutsche Beamtenbund und die ihm zugehörigen Verbände, etwa der Reichsbund der Kommunalbeamten und -Angestellten Deutschlands e. V. und der diesem eingegliederte Verband der Kommunalbeamten und -Angestellten Preußens e. V., waren parteipolitisch neutral, während der Allgemeine Deutsche Beamtenbund und die ihm zugehörigen Verbände parteipolitisch stark gebunden waren[2]).

Köttgen[3]) ist der Ansicht, daß innerhalb eines politischen Systems, das auf eine säuberliche Trennung zwischen Partei und Berufsbeamtentum den peinlichsten Wert legen müsse, die Existenz von Beamtenvereinen keineswegs unbedenklich sei, einerlei, mit welchen Fragen sich derartige Vereine im einzelnen beschäftigten, ob sie lediglich wirtschaftliche oder darüber hinaus auch politische Ziele verfolgten. Im allgemeinen würden sich im modernen Parteienstaat auch ursprünglich rein wirtschaftliche Ziele lediglich auf dem Umweg über die allgemeine Politik erreichen lassen. Im parlamen-

[2]) Vgl. Brand. a. a. O. § 168, S. 566 u. dazu etwa § 5 der Satzung des Reichsbundes der Kommunalbeamten und -Angestellten Deutschlands e. V. u. § 2 der Satzung des Verbandes der Kommunalbeamten und -Angestellten Preußens e. V.

[3]) Vgl. Berufsbeamtentum, S. 158-160.

tarischen Staat, in dem der Schwerpunkt aller politischen Macht bei dem Parlament liege, müßten diese Beamtenvereine notwendig bei den politischen Parteien Anschluß zu finden versuchen. Als Ausweg von dem von ihm festgestellten Dilemma schlägt Köttgen vor, die Beamtenvereine zu beseitigen und ihre Aufgaben den Beamtenvertretungen zu übertragen.

Köttgen ist darin zuzustimmen, daß Beamtenvereine, die politische Zwecke verfolgen, in einem politischen System, das die parteipolitische Neutralität des Berufsbeamtentums zum Prinzip erhoben hat, untragbar sind. Dagegen ist die Existenz von parteipolitisch neutralen Beamtenvereinen im Gegensatz zu Köttgen nicht nur für unbedenklich, sondern im Interesse der Beamtenschaft für unbedingt erwünscht, ja sogar für notwendig zu erachten. Die Beamtenvereine bezwecken die Erhaltung und Stärkung des Berufsbeamtentums, den Schutz der beamtenrechtlichen Belange ihrer Mitglieder und die wirtschaftliche Hebung des Beamtenstandes. Die Erhaltung und Stärkung des Berufsbeamtentums erfolgt dabei namentlich durch belehrende Vorträge vor den Vereinsmitgliedern sowie durch Abwehrmaßnahmen gegen Bestrebungen, die sich, von welcher Seite es auch sei, gegen Bestand und Integrität des Berufsbeamtentums richten. Zur Wahrung der beamtenrechtlichen Belange ihrer Mitglieder pflegen die Beamtenvereine diesen in Zivilprozessen, Strafprozessen und Dienststrafverfahren durch Beiordnung eines Rechtsanwalts oder Uebernahme der Kosten für einen solchen „Rechtsschutz" zu gewähren, falls der Rechtsstandpunkt des Beamten nach sorgfältiger Prüfung durch den Rechtsberater des Beamtenvereins als begründet erachtet wird. Der wirtschaftlichen Hebung des Berufsbeamtentums dienen etwa das Eintreten des Beamtenvereins für eine Besoldungsreform sowie die Errichtung eines Heimstättenwerkes, eines Erholungsheims, einer Kranken- und Sterbekasse für die Vereinsmitglieder. Daß die vorerwähnten Aufgaben, mit Ausnahme der Veranstaltung von Vorträgen, entweder im Interesse der Dienstzucht oder aus finanziellen Gründen nicht von Beamtenvertretungen innerhalb einzelner Behörden erfüllt werden können, liegt auf der Hand. Die hier angeführten Aufgaben müssen vielmehr außerhalb der einzelnen Behörde stehenden, eine Vielzahl von Beamten umfassenden und daher finanziell leistungsfähigen Organisationen der Beamtenschaft, „Beamtenvereinen", übertragen werden. Die von Köttgen angedeutete Gefahr, daß der Beamtenverein im parlamentarischen Staat bei der Wahrnehmung der Belange seiner Mitglieder Anschluß an die politischen Parteien suchen müsse und dann von diesen Parteien abhängig werde, besteht nach den langjährigen reichen Erfahrungen, die ich als Rechtsberater eines parteipolitisch neutralen Beamtenverbandes gesammelt habe, in der Praxis nicht. Ein geschickter Beamtenführer pflegt, etwa bei Verhandlungen über eine Besoldungsreform, mit allen im Parlament vertretenen Parteien Verbindung aufzunehmen, er sucht sich mit allen Parteien gut zu stellen, sie für seine Ziele zu gewinnen, ohne sich dabei in ein Abhängigkeitsverhältnis zu der einen oder anderen Partei zu begeben.

Die in den Art. 130 Abs. 2 u. 159 RV festgelegte Vereinigungsfreiheit ist danach den Beamten auch in der neuen Reichsverfassung zu gewährleisten, jedoch mit dem Vorbehalt, daß ein Zusammenschluß nur zu parteipolitisch neutralen Vereinigungen gestattet ist.

Die dem Art. 130 Abs. 2 RV entsprechende Bestimmung der neuen Reichsverfassung wird somit folgendermaßen zu formulieren sein:

„Allen Beamten wird die Freiheit des Zusammenschlusses zu parteipolitisch neutralen Vereinigungen gewährleistet."

Der dem Art. 159 RV entsprechenden Bestimmung ist folgender zweite Absatz hinzuzufügen:

„Beamten steht die Vereinigungsfreiheit nur hinsichtlich solcher Vereinigungen zu, welche parteipolitisch neutral sind."

Daß die den Beamten gewährte „Vereinigungsfreiheit" keine „Streikfreiheit" in sich schließt, daß eine solche mit dem Wesen des Beamtenverhältnisses unvereinbar ist, ist bereits früher dargelegt worden[4]).

---

[4]) Vgl. § 3 III dieser Abhandlung.

§ 9

Die demokratisch-parlamentarische Regierungsform im Weimarer Staat und im neuen deutschen Staat

I. Kritische Würdigung der demokratisch-parlamentarischen Regierungsform.

Bei einer kritischen Würdigung der demokratisch-parlamentarischen Regierungsform lassen sich wie bei der kritischen Würdigung jeder politischen, ja jeder menschlichen Einrichtung schlechthin, Vorzüge und Nachteile feststellen.

Ein Vorzug der demokratisch-parlamentarischen Regierungsform ist zunächst, daß sie eine einheitliche politische Linie innerhalb der Legislative und Exekutive verbürgt und dadurch im Gegensatz zum monarchischen Konstitutionalismus Deutschlands und zur amerikanischen Präsidentschaftsrepublik die Herrschaft des demokratischen Mehrheitsprinzips auch in der Exekutive gewährleistet[1]). Ein weiterer Vorzug der demokratisch-parlamentarischen Regierungsform ist darin zu erblicken, daß ihr jene für den Obrigkeitsstaat charakteristische Abgeschlossenheit einer hochmütigen Regierung vom Parlament fremd ist, daß sie vielmehr zwischen dem Parlament und der von seinem Vertrauen getragenen Regierung eine enge und fruchtbare Zusammenarbeit ermöglicht, die auf Offenheit, gegenseitiger Förderung und Gleichberechtigung beruht[2]). Ein Vorzug der demokratisch-parlamentarischen Regierungsform besteht endlich darin, daß von ihr Heranziehung, Schulung und Siebung politischer Talente zu erwarten ist, die auf dem Wege über Dienst an der Partei, Bewährung in Parlamentsmandaten oder anderen staatlichen Funktionen zu verantwortlichen Staatsmännern emporsteigen können[3]).

Den hier entwickelten Vorzügen stehen eine Anzahl von Nachteilen der demokratisch-parlamentarischen Regierungsform gegenüber. Dabei kommt in erster Linie die Gefahr einer einseitigen Herrschaft der parlamentarischen Mehrheit in Betracht, nämlich die Gefahr, daß alle diejenigen, die nicht zu den „regierenden" Parteien gehören, von der Mitberatung und Mitentschließung bei den auf die

---

1) Vgl. R. Thoma im Hdb. Dt. StR. Bd. I § 16, S. 196; Stier-Somlo, Reichs- u. Landesstaatsrecht Bd. I § 56, S. 369.
2) Vgl. Stier-Somlo, a. a. O.
3) Vgl. R. Thoma, a. a. O., S. 196.

Regierung und Verwaltung des Staates bezüglichen Angelegenheiten ausgeschlossen werden and infolgedessen die im Interesse des Staatswohls gelegene Sammlung aller lebendigen und aufbauwilligen Kräfte innerhalb des Staates verhindert wird. Eine Gefahr der demokratisch-parlamentarischen Regierungsform liegt ferner darin, daß die im Parlament herrschenden Parteien Einfluß auf die Beamtenschaft gewinnen, daß dementsprechend bei der Auswahl der Beamten, und zwar nicht nur der leitenden Beamten, das Parteiinteresse, nicht aber die Sachkunde entscheidet und daß dadurch die Parteilichkeit der Beamtenschaft zum Ereignis wird. Im Zusammenhang mit der Einflußnahme der Parteien auf die Beamtenschaft besteht die weitere Gefahr, daß nicht sachverständige Parlamentarier in die Staatsverwaltung hereinreden und dadurch die Politik der Regierung, namentlich auch in auswärtigen Angelegenheiten, mehr oder minder stark lähmen. Die demokratisch-parlamentarische Regierungsform kann endlich, aber nicht zuletzt, insofern eine Gefahr in sich schließen, als infolge zahlreicher Parteien die Bildung fester parlamentarischer Mehrheiten, auf die sich die Regierung zu stützen vermag, unmöglich und dadurch der Bestand eines Kabinetts stets von Zufälligkeiten abhängig wird. Das Kabinett ist in Fällen solcher Art nicht der Ausdruck einer vom Parlament bestimmten politischen Richtung, einer geschichtlich oder durch die jeweilige Staatsnotwendigkeit geprägten, selbständigen und einheitlichen Gesamteinstellung. Das Kabinett wird dann in seiner Tätigkeit vielmehr nicht selten durch vollkommen unsachliche Gegnerschaften, die oft nur zu einer Zufallsmehrheit führen, gehemmt. Eine feste Regierung kann dabei nur schwer aufkommen. Vielmehr sind langdauernde parlamentarische Krisen, während welcher die Bildung einer Regierung überhaupt nicht möglich ist, zu besorgen[4]).

II. Die Mängel der demokratisch-parlamentarischen Regierungsform im Weimarer Staat und die Maßnahmen zu deren Behebung im neuen deutschen Staat.

A. Die Mängel der demokratisch-parlamentarischen Regierungsform im Weimarer Staat.

In der Weimarer Reichsverfassung ebenso wie in der Verfassung der einzelnen deutschen Länder war ein umfangreiches System von Gegengewichten und Umgrenzungen entwickelt, das der Gefahr der einseitigen Herrschaft einer parlamentarischen Mehrheit begegnen

4) Vgl. Stier-Somlo, a. a. O., S. 369/70.

sollte. Zu dem Zwecke waren Volksbegehren und Volksentscheide in das Verfassungsrecht des Reiches und der Länder eingebaut und im Reich die Stellung des Reichspräsidenten als eines politischen Gegenspielers des Reichstags geschaffen. Auch dadurch, daß die wichtigsten Rechte und Freiheiten der Bürger, der Gemeinden und Kirchen durch Aufnahme in den Katalog von „Grundrechten und Grundpflichten der Deutschen" unter den besonderen Schutz der Weimarer Reichsverfassung gestellt und damit vor der Beeinträchtigung durch Gesetz einer einfachen Reichstagsmehrheit gesichert waren, war ein wirksamer Schutzwall gegen einseitige Parlamentsherrschaft errichtet. Die gleiche Funktion erfüllte das den parlamentarischen Minderheiten in Art. 34 RV verliehene Recht auf Einsetzung von Untersuchungsausschüssen, die unter Umständen in Ungesetzlichkeiten oder Unlauterkeiten der Mehrheitsregierung hineinleuchten konnten, ferner die im Reich ebenso wie in den Ländern erfolgte Durchführung des Prinzips des Rechtsstaates, die namentlich in der Einrichtung eines zur Entscheidung über mannigfaltige staatsrechtliche Streitigkeiten berufenen, unabhängigen Staatsgerichtshofs und in der Zuständigkeit der Gerichte zur Nachprüfung einfacher Reichs- und Landesgesetze auf ihre inhaltliche Uebereinstimmung mit der betreffenden Verfassungsurkunde zum Ausdruck gelangt war[5]).

Gegen die Gefahr, die bei der demokratisch-parlamentarischen Regierungsform des Weimarer Staates durch die Einflußnahme der politischen Parteien auf die Beamtenschaft drohte, hatte die Weimarer Reichsverfassung nur in unzulänglicher Weise Schutz gewährt, indem sie durch eine Anzahl von Maßnahmen zwar die Parteien von der Beamtenschaft fernhielt, gleichzeitig aber der Beamtenschaft den Weg in die Parteien unumschränkt freigab.

Zur Abwendung der Gefahr, die sich aus dem Vorhandensein zahlreicher Parteien hinsichtlich der Bildung einer festen parlamentarischen Mehrheit und eines beständigen Kabinetts ergeben konnte, waren weder in der Weimarer Reichsverfassung noch in den Verfassungen der Länder Vorkehrungen getroffen. Durch die Ausgestaltung des Verhältniswahlrechts in den Wahlgesetzen des Reiches und der Länder war die Bildung zahlloser Splitterparteien nicht nur nicht erschwert, sondern im Gegenteil geradezu begünstigt.

Daß die demokratisch-parlamentarische Regierungsform sich im Weimarer Staat nicht bewährt hat, ist heute wohl allgemein anerkannt. Der Grund hierfür ist aber nicht, wie bisweilen behauptet

5) Vgl. des Näheren hierüber R. Thoma, a. a. O., S. 196-199.

wird, der, daß die vorgenannte Regierungsform überhaupt ein schlechtes oder aber ein für deutsche Verhältnisse nicht passendes Regierungssystem sei. Der Grund für das Versagen der demokratisch-parlamentarischen Regierungsform im Weimarer Staat ist vielmehr darin zu suchen, daß die Weimarer Reichsverfassung ebenso wie die Verfassungen der Länder es unterlassen hatten, diejenigen Schutzmaßnahmen zu treffen, welche zur Abwendung gewisser, mit dem in Rede stehenden Regierungssystem verbundenen Gefahren erforderlich sind.

Im Weimarer Staat hatten sich im Gefolge der demokratisch-parlamentarischen Regierungsform namentlich zwei Mißstände entwickelt. Der in erster Linie zu erwähnende Mißstand bestand darin, daß infolge der starken Parteizersplitterung die Bildung fester parlamentarischer Mehrheiten auf welche die Regierung sich hätte stützen können, im Reich ebenso wie in den Ländern unmöglich gemacht und dadurch der Bestand des einzelnen Kabinetts stets von Zufälligkeiten abhängig war. Auch waren angesichts der Unmöglichkeit einer Bildung fester parlamentarischer Mehrheiten länger dauernde parlamentarische Krisen, während deren überhaupt keine Regierung gebildet werden konnte, keine Seltenheit. War mit Hilfe einer parlamentarischen Mehrheit die Bildung einer Regierung gelungen, so nahmen nicht etwa die Parteiführer selbst oder andere besonders einflußreiche Parteimitglieder die Ministersitze ein; die Parteien pflegten statt der politischen Führer vielmehr Persönlichkeiten kleineren Formats in die Regierung zu entsenden, die sie nach Belieben jederzeit wieder fallen lassen konnten.

Der zweite Mißstand, zu dem die demokratisch-parlamentarische Regierungsform im Weimarer Staat geführt hatte, war in dem Fehlen entsprechender neutraler Faktoren innerhalb der staatlichen Organisation begründet, die bei dem häufigen Wechsel der Kabinette und der in ihnen regierenden Parteien sowie während länger dauernder parlamentarischer Krisen die Gewähr für eine stabile Staatsführung und eine ruhige, zielbewußte Förderung der Verwaltungsaufgaben boten. Wenn gleichwohl der Reichspräsident zu einem solchen neutralen Faktor im Weimarer Staat geworden war, so war seine neutrale Funktion in erster Linie nicht durch eine entsprechende Regelung der Weimarer Reichsverfassung, sondern vielmehr durch die unbestechliche, ehrenfeste Charakterart namentlich des ersten der beiden Träger des Reichspräsidentenamtes gewährleistet. Das Berufsbeamtentum konnte die ihm von der Weimarer Reichsverfassung gleichfalls zugedachte Funktion als neutraler

Faktor um deswillen nicht erfüllen, weil die Reichsverfassung selbst die Beamtenschaft durch die Vorschrift des Art. 130 Abs. 2 mit den politischen Parteien in Verbindung gebracht und dadurch der parteipolitischen Einflußnahme auf die Beamtenschaft Tür und Tor geöffnet hatte.

B. Die Maßnahmen zur Behebung der Mängel des Weimarer Regierungssystems im neuen deutschen Staat.

Soll die demokratisch-parlamentarische Regierungsform sich im neuen deutschen Staat erfolgreich auswirken, so müssen die vorstehenden beiden Mißstände abgestellt werden. Zu dem Zwecke wird folgendes zu geschehen haben:

1. Umgestaltung des Wahlrechts.

Durch Umgestaltung des seitherigen Wahlrechts ist sicherzustellen, daß die Bildung von Splitterparteien ausgeschlossen ist und im Parlament höchstens etwa fünf große oder größere Parteien vertreten sind, von denen einige zur Beteiligung an der Regierungsbildung fähig und willens sind. Bei der Neuordnung des Wahlrechts ist an dem Grundsatz der Verhältniswahl festzuhalten, da diese immerhin das gerechteste Wahlrecht bedeutet. Die hauptsächlichsten Mängel des bisher geltenden Verhältniswahlrechts, nämlich die nahezu unbegrenzte Möglichkeit der Bildung von Splitterparteien und die im starren Listenverfahren begründete Unpersönlichkeit der Wahl, dürften auf Grund der von Walter Jellinek bereits im Jahre 1926 vorgeschlagenen „Proportionalisierung des Reichstagswahlrechts von 1869", d. h. auf Grund einer Kombinierung der Grundsätze von Mehrheits- und Verhältniswahl unschwer zu beheben sein[6]).

2. Parteiführer als Minister.

Es muß entsprechend dem englischen Vorbild künftig auch in Deutschland Brauch werden, daß die Führer der in der Regierungskoalition vereinigten Parteien selbst die Ministersitze einnehmen. Nur mit Hilfe der politischen Führer kann erreicht werden, daß die Parteien lernen, sich in kritischen Situationen für das Staats- und Volksganze verantwortlich zu fühlen und ihre Sonderinteressen zurückzustellen. Auch bedeutet der Parteiführer als Minister für

[6]) Wegen der Einzelheiten vgl. W. Jellinek im Arch. Oeff. R. N. F. Bd. 11, S. 71 ff. u. insbes. die dort auf S. 90-92 u. S. 96-98 abgedruckten Gesetzesvorschläge.

die Exekutive einen mächtigen Schützer aus den Reihen des Parlamentes, der ihr dort eine unbedingte Gefolgschaft sichert.

3. Erschwertes Mißtrauensvotum.

Entsprechend einer schon zur Zeit des Weimarer Staates erhobenen Forderung muß die Erteilung eines Mißtrauensvotums erschwert werden. Zu dem Zwecke ist für den Beschluß, der das Mißtrauensvotum enthält, eine qualifizierte Mehrheit, etwa eine Zweidrittelmehrheit der anwesenden Mitglieder des Reichstages oder Landtages vorzuschreiben. Es ist ferner nicht jedem, sondern nur einem einheitlich begründeten Mißtrauensvotum die Kraft der Abberufung der Regierung beizulegen. Dadurch ist der seither in Deutschland bestehende Mißstand zu beseitigen, wonach die Regierung durch das Mißtrauensvotum einer parlamentarischen Mehrheit gestürzt werden konnte, die aus völlig heterogenen, unter sich verfeindeten und aus gegensätzlichen Beweggründen dafür stimmenden Gruppen zusammengesetzt war[7]).

4. Parteipolitische Neutralisierung des Reichspräsidenten.

Um die Funktion des Reichspräsidenten als neutralen Faktors innerhalb der Organisation des Reiches sicherzustellen, ist in den Abschnitt der neuen Reichsverfassung über „den Reichspräsidenten" eine Bestimmung aufzunehmen, welche die Vorschrift des Art. 44 RV („Der Reichspräsident kann nicht zugleich Mitglied des Reichstags sein") wie folgt ergänzt:

„(1) Der Reichspräsident kann nicht zugleich Mitglied des Reichstags, der Volksvertretung eines Landes oder der Vertretung einer Gemeinde oder eines Gemeindeverbandes sein."

„(2) Der Reichspräsident scheidet durch Annahme seiner Wahl aus jeder politischen Partei aus, der er als Mitglied angehört."

Eine entsprechende Regelung wird in der neuen Reichsverfassung auch hinsichtlich des in den deutschen Ländern etwa einzurichtenden Staatspräsidenten zu treffen sein.

5. Verfassungsmäßige Gewährleistung der Einrichtung des Berufsbeamtentums und dessen parteipolitische Neutralisierung.

Zwecks Gewährleistung der dem Berufsbeamtentum zuzuweisenden Funktion eines neutralen Faktors im neuen deutschen Staat sind die einzelnen in den §§ 6—8 dieser Abhandlung vorgeschlagenen

---

7) Vgl. R. Thoma im Hdb. Dt. StR. Bd. I § 43, S. 511; Carl Schmitt, Verfassungslehre, S. 345.

Maßnahmen zu treffen, die teils der Sicherung der heute wieder lebhaft umstrittenen Einrichtung des Berufsbeamtentums und seines Aufgabenbereichs, teils der Fernhaltung der politischen Parteien von dem Berufsbeamtentum und der Fernhaltung dieses von den politischen Parteien dienen. Zu dem Zwecke wird in denjenigen Teil der neuen Reichsverfassung, der den „Aufbau des Reiches" regelt, nach dem Vorbild der Bayerischen Verfassung vom 1. 12. 1946 ein besonderer Abschnitt mit der Ueberschrift „Die Beamten" einzufügen sein, dessen einzelne Bestimmungen — in Anknüpfung an die in den Art. 128—130 u. 159 RV enthaltenen Vorschriften und unter Berücksichtigung der von uns empfohlenen Aenderungen und Ergänzungen — folgendermaßen zu lauten haben:

Art. A. (Gewährleistung der Einrichtung und des Aufgabenbereichs des Berufsbeamtentums.)

„(1) Die Einrichtung des Berufsbeamtentums im Deutschen Reich und in den deutschen Ländern wird gewährleistet."

„(2) Stellen für Beamte dürfen nur eingerichtet werden, soweit sie die Wahrnehmung obrigkeitlicher Aufgaben in sich schließen oder aus Gründen der Staatssicherheit nicht von Angestellten oder Arbeitern versehen werden dürfen. Stellen für Beamte müssen eingerichtet werden, soweit die Wahrnehmung obrigkeitlicher Aufgaben die dauernde Hauptbeschäftigung des Bediensteten ist."

Art. B. (Zulassung zu den öffentlichen Aemtern.)

„(1) Alle Staatsbürger ohne Unterschied sind entsprechend ihrer Befähigung und ihren Leistungen zu den öffentlichen Aemtern zuzulassen."

„(2) Vor der Anstellung als Beamter ist eine Prüfung abzulegen. Eine Ausnahme kann durch Reichsgesetz nur für politische Beamte, Wahlbeamte, Ehrenbeamte, Beamte des einfachen Dienstes und Beamte im Vorbereitungsdienst zugelassen werden."

„(3) Die Grundsätze der Vorbildung, Ausbildung und Prüfungen sind durch Reichsgesetz für alle deutschen Beamten zu regeln."

„(4) Alle Ausnahmebestimmungen gegen weibliche Beamte werden beseitigt."

„(5) Das Beamtenrecht ist durch Reichsgesetz zu regeln."

Art. C. (Rechte der Beamten.)

„(1) Die Anstellung der Beamten erfolgt auf Lebenszeit, soweit nicht durch Gesetz etwas anderes bestimmt ist. Bei Beamten auf Widerruf, die sich in einer Planstelle befinden, ist nach Ablauf einer Bewährungsfrist, die nach Vollendung des 27. Lebensjahres drei Jahre nicht übersteigen darf, das Beamtenverhältnis in ein solches auf Lebenszeit umzuwandeln, soweit dies nicht gesetzlich ausgeschlossen ist."

„(2) Ruhegehalt und Hinterbliebenenversorgung werden gesetzlich geregelt. Die wohlerworbenen Rechte der Beamten sind unverletzlich. Der Anspruch der Beamten auf standesgemäßen Unterhalt wird gewährleistet. Die Höhe dieses Anspruchs wird jeweils durch

Gesetz bestimmt. Für die vermögensrechtlichen Ansprüche der Beamten steht der Rechtsweg vor den ordentlichen Gerichten offen."

„(3) Die Beamten können nur unter den gesetzlich bestimmten Voraussetzungen und Formen vorläufig ihres Amtes enthoben, in den Wartestand oder in den Ruhestand oder in ein anderes Amt mit geringerem Gehalt versetzt werden."

„(4) Gegen jedes dienstliche Straferkenntnis muß ein Beschwerdeweg und die Möglichkeit eines Wiederaufnahmeverfahrens eröffnet sein. In die Nachweise über die Person des Beamten sind Eintragungen von ihm ungünstigen Tatsachen erst vorzunehmen, wenn dem Beamten Gelegenheit gegeben war, sich über sie zu äußern. Dem Beamten ist Einsicht in seine Personalnachweise zu gewähren."

Art. D. (Politische Stellung der Beamten.)

„(1) Die Beamten sind Diener der Gesamtheit, nicht einer Partei."

„(2) Beamte, mit Ausnahme der politischen Beamten, Wahlbeamten und Ehrenbeamten, sind zum Reichstag, der Volksvertretung eines Landes sowie zur Vertretung von Gemeinden und Gemeindeverbänden nicht wählbar."

„(3) Beamten, mit Ausnahme der in Abs. 2 angeführten politischen Beamten, Wahlbeamten und Ehrenbeamten, ist die Beteiligung an politischen Parteien verboten. Allen Beamten ist die Teilnahme an regierungsfeindlichen öffentlichen Kundgebungen untersagt."

„(4) Den Beamten wird die Freiheit des Zusammenschlusses nur zu parteipolitisch neutralen Vereinigungen gewährleistet. Das gilt auch von solchen Vereinigungen, die der Wahrung und Förderung der Arbeits- und Wirtschaftsbedingungen ihrer Mitglieder dienen. Diese Beschränkungen der Vereinigungsfreiheit gelten nicht für die politischen Beamten, Wahlbeamten und Ehrenbeamten."

„(5) Die Beamten erhalten nach näherer reichsgesetzlicher Bestimmung besondere Beamtenvertretungen."

Zwecks Uebertragung der Leitung der Personalangelegenheiten der Reichsbeamten auf den parteipolitisch neutralisierten Reichspräsidenten sind in den Abschnitt der neuen Reichsverfassung über „Den Reichspräsidenten" folgende Vorschriften einzufügen:

Art. x.

„(1) Dem Reichspräsidenten steht die Leitung der Personalangelegenheiten der Reichsbeamten zu, soweit nicht durch Gesetz etwas anderes bestimmt ist. Er kann dieses Recht nach näherer Maßgabe eines Reichsgesetzes durch andere Behörden ausüben lassen."

„(2) Die Leitung der Personalangelegenheiten der politischen Berufsbeamten des Reiches erfolgt durch den Reichspräsidenten mit Zustimmung der Reichsregierung."

„(3) Die Leitung der Personalangelegenheiten der politischen Beamten und der Wahlbeamten des Reiches steht ausschließlich der Reichsregierung zu."

Art. y.

„(1) Alle Anordnungen und Verfügungen des Reichspräsidenten, ausgenommen solche auf dem Gebiete der Personalverwaltung der Reichsbeamten, bedürfen zu ihrer Gültigkeit der Gegenzeichnung durch den Reichskanzler oder den zuständigen Reichsminister."

„(2) Alle Anordnungen und Verfügungen des Reichspräsidenten auf dem Gebiete der Beamten-Personalverwaltung bedürfen zu ihrer Gültigkeit der Gegenzeichnung durch den ihm unterstellten ständigen Staatssekretär für Beamten-Personalangelegenheiten."

„(3) Durch die Gegenzeichnung wird die Verantwortung übernommen. Die Verantwortung des ständigen Staatssekretärs für Beamten-Personalangelegenheiten ist ausschließlich eine staatsrechtliche."

Um in den Ländern die Uebertragung der Leitung der Beamten-Personalangelegenheiten auf ein parteipolitisch neutralisiertes Staats- bzw. Gemeindeorgan sicherzustellen, ist dem Abschnitt der neuen Reichsverfassung über „Die Beamten" folgender Art. E hinzuzufügen:

Art. E. (Beamten-Personalverwaltung der Länder.)

„(1) In den Ländern, in denen ein parteipolitisch neutraler Staatspräsident eingesetzt ist, gelten die Art. x und y des Abschnitts über „Den Reichspräsidenten" entsprechend. In den übrigen Ländern ist zur Leitung der Beamten-Personalangelegenheiten ein aus fünf Mitgliedern bestehendes Landes-Personalamt einzurichten, von denen vier Mitglieder parteipolitisch neutral und mindestens drei Mitglieder Berufsbeamte sein müssen. Sämtliche Mitglieder des Landespersonalamts müssen bei ihrer Tätigkeit unabhängig und dürfen nur dem Gesetz unterworfen sein."

„(2) Zur Leitung der Personalangelegenheiten der Gemeinden und Gemeindeverbände sind in den einzelnen Gemeinden und Gemeindeverbänden oder für eine Mehrheit von solchen Gemeindepersonalämter einzurichten, die entsprechend wie die Landespersonalämter zusammengesetzt und wie diese unabhängig und nur dem Gesetz unterworfen sind."

Werden die im vorigen formulierten Vorschriften in die neue deutsche Reichsverfassung bzw. in die neuen Verfassungen der deutschen Länder übernommen, so sind Reich und Länder künftig in *rechtlicher Hinsicht* gegen die mit der demokratisch-parlamentarischen Regierungsform verbundenen Gefahren nachhaltig geschützt. Um ein reibungsloses, erfolgreiches Funktionieren des vorgenannten Regierungssystems zu gewährleisten, dürfte die Durchführung der im vorigen empfohlenen rechtlichen Maßnahmen allein allerdings nicht genügen. Hinzukommen muß, daß die in den Parlamenten vertretenen politischen Parteien künftig sich, weit mehr als früher, *für das Wohl des Staats- und Volksganzen verantwortlich fühlen* und demgemäß ihre Sonderinteressen erforderlichenfalls hinter die Interessen der Gesamtheit zurücktreten lassen, daß die politischen Parteien sich gegenseitig anerkennen und achten, daß dementsprechend nicht die eine Partei der anderen von vornherein bewußte Schädigung nationaler Belange unterstellt und daß die Parteien endlich ihre parlamentarischen und außerparlamentarischen Kämpfe sachlich und vornehm führen. Unsere deutschen politischen Parteien müssen sich in dieser Hinsicht die politischen Parteien in England zum Vorbild nehmen, die durch ihre Einigkeit in allen Fragen, welche die Stellung ihres Landes zum Ausland betreffen, durch ihre Verträglichkeit und ihre Noblesse im inneren Parteikampf die Macht und Größe des britischen Empire im wesentlichen mitbegründet haben[8]).

Die Erfüllung aller hier angeführten Voraussetzungen dürfte die Gewähr dafür bieten, daß das demokratisch-parlamentarische Regierungssystem sich im neuen deutschen Staate, im Reiche ebenso wie in den Ländern, zum Wohle unseres Volkes auswirkt und dadurch diesem nach den schweren Leiden der letzten anderthalb Jahrzehnte den Weg in eine glücklichere Zukunft ebnen hilft.

Die hier geforderte parteipolitische Neutralisierung des Berufsbeamtentums wird nicht nur von manchen Berufsbeamten, sondern auch von einem Teil der maßgebenden politischen Parteien nachdrücklich abgelehnt werden. Ueberzeugende Beweisgründe lassen sich für diese Ablehnung aber nicht ins Feld führen.

Jede politische Partei, die dem Berufsbeamtentum nach dem Vorbild des Art. 130 Abs. 2 RV den Weg in die Parteipolitik freigegeben wissen will, muß sich darüber im klaren sein, daß sie damit gleichzeitig der mit Recht berüchtigten Parteipatronage Tür und Tor öffnet. Zu welchen verheerenden, geradezu staatsauflösenden Konsequenzen die Parteipatronage mit dem ihr immanenten Prinzip der „rotation in office" im modernen Parteienstaat führt, zeigt uns in erschreckender Weise das Beispiel der Vereinigten Staaten von Amerika[9]). Die Auslieferung des Berufsbeamtentums an die politischen Parteien hat hier um die Mitte des 19. Jahrhunderts, wie bereits früher dargelegt, den Staat nicht nur überaus schwer geschä-

---

[8]) Ein markantes Beispiel für die in England übliche Noblesse im Parteikampf erwähnt Fürst Bülow in seinen Denkwürdigkeiten Bd. 1, S. 334 auf Grund eines Berichtes des englischen Schriftstellers Sidney Whitman. Als der Sohn von Joseph Chamberlain, sichtlich befangen, seinen Maiden-speech im Unterhause gehalten hatte, erbat sich Mr. Gladstone, seit langem einer der schärfsten Gegner von Mr. Joseph Chamberlain, das Wort und beglückwünschte das Haus dazu, daß wieder einmal, wie so oft in der englischen Geschichte, ein hervorragender Vater einen seiner würdigen Sohn dem Parlament und dem Lande geschenkt habe. Darin läge, wie in allem was die Kontinuität fördere, eine der Grundlagen der englischen Größe. Er hoffe, daß dem Sohne Chamberlains eine seines Namens würdige und dem Lande nützliche Laufbahn bevorstehe.

[9]) Vgl. § 6 III 2 A. dieser Abhandlung.

digt, sondern anerkanntermaßen beinahe dessen Zusammenbruch zur Folge gehabt. Das Beispiel der Vereinigten Staaten von Amerika liefert den unwiderleglichen Beweis dafür, daß die parteipolitische Neutralisierung des Berufsbeamtentums eine unerläßliche Voraussetzung für das reibungslose Funktionieren von Regierung und Verwaltung im modernen Parteienstaat ist, daß es sich dabei um eine verfassungsrechtliche Maßnahme handelt, auf die aus Gründen der Staaatsnotwendigkeit im modernen Parteienstaat nicht verzichtet werden kann.

Alle diejenigen Berufsbeamten, die sich durch die hier geforderte parteipolitische Neutralisierung des Berufsbeamtentums in ihrem Drang nach parteipolitischer Betätigung gehemmt fühlen, dürfen nicht verkennen, daß angesichts der gegen die Einrichtung des Berufsbeamtentums heute erneut gerichteten Angriffe die Beibehaltung der dem Berufsbeamten seither zuerkannten Sonderrechte sich nur dann überzeugend rechtfertigen läßt, wenn mit diesen Rechten korrespondierende Beschränkungen des Berufsbeamten in politischer Hinsicht eingeführt werden. Alle an parteipolitischer Betätigung interessierten Berufsbeamten müssen sich ferner darüber im klaren sein, daß jede Verbindung mit politischen Parteien für den Berufsbeamten im Falle von Staatskrisen nicht nur nach innerstaatlichem, sondern neuerdings auch nach zwischenstaatlichem Recht, nach Völkerrecht, eine ernste Gefährdung seiner Stellung in sich schließen kann.

Sämtliche verständig denkenden deutschen Staatsbürger, Beamte und Nichtbeamte, werden nach alledem in der parteipolitischen Neutralisierung nicht eine willkürliche und unverdiente Zurücksetzung, sondern lediglich eine Stärkung und Garantie für den weiteren Bestand des an Traditionen so reichen, um den deutschen Staat in guten und in bösen Zeiten gleich hoch verdienten deutschen Berufsbeamtentums erblicken.

§ 10

Die staatsrechtliche Stellung des Berufsbeamtentums in den neuen demokratischen Verfassungen und Beamtengesetzen der deutschen Länder der westlichen Besatzungszone

In einer Anzahl der von den Streitkräften der Vereinten Nationen besetzten deutschen Länder sind inzwischen neue demokratische Verfassungen erlassen worden: So in Bayern die Verfassung vom 1. Dez. 1946, in Württemberg-Baden die Verfassung vom 24. Nov. 1946, in Hessen die Verfassung vom 1. Dez. 1946, in Rheinland-Pfalz die Verfassung vom 18. Mai 1947, in Württemberg-Hohenzollern die Verfassung vom 20. Mai 1947, in Baden die Verfassung vom 22. Mai 1947 und in der Freien Hansestadt Bremen die Verfassung vom 21. Oktober 1947. In drei der vorgenannten Länder sind bereits vor Erlaß der neuen Verfassung auf Anordnung der Besatzungsbehörde Beamtengesetze verkündet worden, nämlich in Bayern das Beamtengesetz vom 28. Okt. 1946[1]), in Württemberg-Baden das Beamtengesetz vom 19. Nov. 1946[2]) und in Hessen das Gesetz über die Rechtsstellung der Beamten und Angestellten im öffentlichen Dienst des Landes Großhessen vom 12. Nov. 1946[3]).

Im Folgenden soll untersucht werden, ob und inwieweit in den vorerwähnten Verfassungen und Beamtengesetzen die hier erhobenen rechtspolitischen Forderungen nach Gewährleistung der Einrichtung und des Aufgabenbereichs sowie nach Sicherung der rechtlichen Stellung des Berufsbeamtentums erfüllt sind.

I. Gewährleistung der Einrichtung und des Aufgabenbereichs des Berufsbeamtentums.

1. Gewährleistung der Einrichtung des Berufsbeamtentums.

Die Einrichtung des Berufsbeamtentums ist ausdrücklich (unmittelbar) nur in der neuen Bayerischen und Badischen Verfassung gewährleistet. Nach Art. 95 Abs. 1 Satz 2 Bayer.Verf. „wird das Berufsbeamtentum grundsätzlich auf-

1) Vgl. Ges. u. Vbl. 1946, S. 349 ff.; hier abgekürzt als Bayr. BG.
2) Vgl. RegBl. 1946, S. 249 ff.; hier abgekürzt als W-B. BG.
3) Vgl. Ges. u. Vbl. 1946, S. 205 ff.; hier abgekürzt als Hess. BG. Dasselbe gilt nunmehr in der Fassung vom 25. Juni 1948 (Ges. u. Vbl. S. 101).

rechterhalten". In Art. 107 Abs. 1 Satz 2 Bad.Verf. ist bestimmt: „Das Berufsbeamtentum bleibt erhalten."

In W ü r t t e m b e r g - B a d e n ergibt sich aus Art. 93 Abs. 1 Satz 1 in Verb. mit Art. 93 Abs. 3 Verf., in R h e i n l a n d - P f a l z aus Art. 125 in Verb. mit Art. 126 Verf. m i t t e l b a r die Gewährleistung der Einrichtung des Berufsbeamtentums. Die vorgenannten Vorschriften der Verfassungen von Württemberg-Baden und Rheinland-Pfalz lauten:

A r t. 9 3 A b s. 1 S a t z 1 W - B. V e r f. :

„Die Erfüllung der hoheitlichen Aufgaben der Verwaltung obliegt in der Regel den Beamten."

A r t. 9 3 A b s. 3 W - B. V e r f. :

„Das Beamtenverhältnis ist auf öffentlichrechtlicher Grundlage durch Gesetz zu regeln."

A r t. 1 2 5 R h - P f. V e r f. :

„Die Hoheitsrechte des Staates werden in der Regel von Berufs- oder Ehrenbeamten ausgeübt."

A r t. 1 2 6 A b s. 1 R h - P f. V e r f. :

„Berufsbeamte werden in der Regel auf Lebenszeit ernannt, nachdem sie sich mindestens 5 und höchstens 10 Jahre fachlich bewährt und Treue zur demokratischen Verfassung bewiesen haben."

In H e s s e n ist gemäß Art. 29 Satz 1 Verf. für alle Angestellten, Arbeiter und B e a m t e n ein „einheitliches Arbeitsrecht" zu schaffen. Nach Art. 135 Verf. sind die Rechtsverhältnisse aller Arbeitnehmer der öffentlichen Verwaltungen im Rahmen des in Art. 29 vorgesehenen „einheitlichen Arbeitsrechts" nach den Erfordernissen der Verwaltung zu gestalten. Danach ist in Hessen die Einrichtung des Berufsbeamtentums durch die Verfassung wohl als rechtlich zulässig erklärt. Ja, das Berufsbeamtentum wird dort, wie sich aus Art. 29 Satz 1 Verf. ergibt, wo neben Angestellten und Arbeitern auch B e a m t e erwähnt werden, als eine bestehende staatliche Einrichtung vorausgesetzt. Eine G e w ä h r l e i s t u n g der Einrichtung des Berufsbeamtentums ist in der Hessischen Verfassung aber w e d e r u n m i t t e l b a r n o c h a u c h — wie in den Verfassungen von Württemberg-Baden und Rheinland-Pfalz — nur m i t t e l b a r erfolgt. Das Hessische Beamten- und Angestelltengesetz vom 12. Nov. 1946 i. d. F. vom 25. Juni 1948 läßt eine Bestimmung darüber, wer als Beamter und als Angestellter im Sinne des genannten Gesetzes anzusehen ist, vermissen. Es fehlt eine eindeutige Festlegung des ö f f e n t l i c h r e c h t l i c h e n Charakters des Beamtenverhältnisses einerseits, des p r i v a t r e c h t l i c h e n Charakters des öffentlichen Angestelltenverhältnisses andererseits. Durch § 9 Hess.BG, wonach für das Dienstverhältnis aller diesem

Gesetz unterstehenden Bediensteten, Beamten ebenso wie Angestellten, die Vorschriften des allgemein gültigen Arbeitsrechts und der Sozialversicherung gelten, soweit nicht in diesem Gesetz abweichende Bestimmungen enthalten sind, wird der öffentlichrechtliche Charakter des Beamtenverhältnisses völlig verwischt, wenn nicht gar verneint. Damit wird aber in Hessen der Typ des Berufsbeamten und die Einrichtung des Berufsbeamtentums überhaupt, wenn vielleicht auch nicht restlos beseitigt, so doch zum mindesten in Frage gestellt. An die Stelle des seitherigen rechtlich eindeutigen Beamtentyps wird ein juristisch-theoretisch ebenso wie -praktisch höchst fragwürdiger Mischtyp zwischen dem seitherigen Beamten und dem öffentlichen Angestellten eingeführt, dessen Stellung im einzelnen in der Gerichts- und Verwaltungspraxis zahlreiche Zweifels- und Streitfragen auslösen wird.

In der Verfassung der Freien Hansestadt Bremen wird weder die Einrichtung des Berufsbeamtentums noch auch nur das Wort „Beamter" erwähnt. Nach Art. 50 Abs. 1 Brem.Verf. ist „für alle Personen in Betrieben und Behörden ein neues soziales Arbeitsrecht zu schaffen".

2. Gewährleistung des Aufgabenbereichs des Berufsbeamtentums.

Ein bestimmter Aufgabenbereich ist dem Berufsbeamtentum verfassungsrechtlich lediglich in Württemberg-Baden und Rheinland-Pfalz vorbehalten.

In Art. 93 Abs. 1 W-B.Verf. ist bestimmt:

„Die Erfüllung der hoheitlichen Aufgaben der öffentlichen Verwaltung obliegt in der Regel den Beamten. Die Uebertragung solcher Aufgaben auf Angestellte ist zulässig."

Die vorstehende Vorschrift ist durch Art. 2 W-B.BG weiter ausgestaltet worden. Dortselbst heißt es:

„(1) Die hoheitlichen Aufgaben der Verwaltung und die Aufgaben der Rechtspflege sind durch Beamte wahrzunehmen. Beamte können auch für Aufgaben nichthoheitlicher Natur angestellt werden."

„(2) Planmäßige Beamtenstellen dürfen nur bei Behörden errichtet werden, die auf die Dauer berechnete Dienstaufgaben zu erfüllen haben und nur für solche Aufgaben."

Der oben bereits erwähnte Art. 125 Rh.-Pf.Verf. lautet:

„Die Hoheitsrechte des Staates werden in der Regel von Berufs- oder Ehrenbeamten ausgeübt."

In Bayern ergibt sich der Aufgabenbereich der Beamten aus den Art. 1—3 Bayer.BG, in Hessen aus den §§ 56, 57 Hess.BG.

Nach den vorerwähnten bayerischen Vorschriften fällt in den Aufgabenbereich der Beamten jede ständige hauptamtliche Tätigkeit beim bayerischen Staat, einer bayerischen Gemeinde, einem bayerischen Gemeindeverband oder einer sonstigen der Aufsicht des bayerischen Staates unterliegenden Körperschaft des öffentlichen Rechts, die in den Gesetzen als zum öffentlichen Dienst gehörig bezeichnet oder die ihrer Art nach zum öffentlichen Dienst gerechnet wird. Nicht zum öffentlichen Dienst gehört dabei eine Tätigkeit, die vom Landespersonalamt als unter den Begriff „Handarbeit" fallend erklärt wird. Beamte können danach in Bayern — wie in Württemberg-Baden — nicht nur für Aufgaben obrigkeitlicher (hoheitlicher) Natur, sondern auch für Aufgaben nichtobrigkeitlicher (nichthoheitlicher) Natur angestellt werden.

Nach den §§ 56, 57 Hess.BG sind Stellen des öffentlichen Dienstes Beamtenstellen und mit Beamten zu besetzen, wenn die mit der Stelle verbundenen Aufgaben „ein öffentlichrechtliches Weisungsrecht" einschließen oder wegen ihres besonderen Umfanges die Bezeichnung als Beamtenstelle angetan erscheint oder kraft des Gesetzes angeordnet ist. Ob unter Aufgaben, die „ein öffentlichrechtliches Weisungsrecht" einschließen, lediglich Aufgaben obrigkeitlicher (hoheitlicher) Natur oder auch Aufgaben nichtobrigkeitlicher (nichthoheitlicher) Natur zu verstehen sind[4]), ist zweifelhaft. Trotzdem können auch in Hessen — wie in Bayern und Württemberg-Baden — Beamte nicht nur für Aufgaben obrigkeitlicher (hoheitlicher) Natur, sondern auch für Aufgaben nichtobrigkeitlicher (nichthoheitlicher) Natur angestellt werden, nämlich in allen denjenigen Fällen, in denen die Bezeichnung der dem Beamten übertragenen Stelle als Beamtenstelle „wegen ihres besonderen Umfanges angetan erscheint oder kraft des Gesetzes angeordnet ist".

II. Sicherung der rechtlichen Stellung des Berufsbeamtentums.

1. Rechtliche Maßnahmen zur Fernhaltung der Parteien von dem Berufsbeamtentum.

a) Die Anstellung des Beamten auf Lebenszeit.

Der Grundsatz lebenslänglicher Anstellung der Berufsbeamten ist verfassungsrechtlich lediglich in Rheinland-

---

[4]) Wegen des Begriffs der obrigkeitlichen und nichtobrigkeitlichen Aufgaben vgl. Schack in ZBR Bd. VIII, S. 68 ff.

Pfalz gewährleistet. Art. 126 Abs. 1 der dortigen Verfassung lautet:

> „Berufsbeamte werden in der Regel auf Lebenszeit ernannt, nachdem sie sich während mindestens 5 und höchstens 10 Jahren fachlich bewährt und Treue zur demokratischen Verfassung bewiesen haben."

In Bayern ist die Anstellung der Beamten auf Lebenszeit in den Art. 8—11 Bayer.BG, in Württemberg-Baden in den Art. 14 u. 16 W-B.BG geregelt. In beiden Ländern ist vor der lebenslänglichen Anstellung die Ableistung einer Probezeit durch den Beamten vorgesehen.

In Hessen werden nach § 61 Hess.BG i. d. F. vom 25. Juni 1948 die Beamten auf Widerruf, auf Kündigung, auf Zeit oder auf Lebenszeit berufen. Gemäß § 65 des genannten Gesetzes „kann" der Beamte nach fünfjähriger Dienstzeit als Beamter, frühestens jedoch mit Vollendung des 28. Lebensjahres, „auf Lebenszeit" berufen werden, wenn seine Dienstleistungen den normalerweise zu stellenden Anforderungen voll genügen[5]).

b) Schutz des Beamten vor vorzeitiger Entfernung aus seinem Amt und seinem Beamtenverhältnis.

Eine dem Art. 129 Abs. 2 RV entsprechende Vorschrift, wonach die Beamten nur unter den gesetzlich bestimmten Voraussetzungen und Formen vorläufig ihres Amtes enthoben, einstweilen oder endgültig in den Ruhestand oder in ein anderes Amt mit geringerem Gehalt versetzt werden können, ist verfassungsrechtlich in keinem der hier in Rede stehenden Länder festgelegt. Doch sind in Bayern, Württemberg-Baden und Hessen die vorläufige Amtsenthebung (Zwangsbeurlaubung), die einstweilige Versetzung in den Ruhestand (Versetzung in den Wartestand), die end-

5) Einen besonders schweren Schlag gegen die Einrichtung des Berufsbeamtentums enthält die Vorschrift des § 109 Abs. 2 Hess. BG. i. d. F. vom 25. Juni 1948. Dortselbst ist folgendes bestimmt:

> „Wer nach dem 16. Okt. 1945 im Beamtenverhältnis weiter beschäftigt oder seit dem 16. Okt. 1945, jedoch vor dem 12. Nov. 1946 in das Beamtenverhältnis berufen worden ist, ist Beamter auf Widerruf, sofern er nicht nach dem 8. Mai 1945 in ein Beamtenverhältnis auf Zeit oder Lebenszeit berufen worden ist."

Danach ist also das Beamtenverhältnis der vor dem 8. Mai 1945 auf Lebenszeit berufenen, heute im Dienste des Landes Hessen beschäftigten Beamten in ein Beamtenverhältnis auf Widerruf umgewandelt worden, sofern die betr. Beamten nicht eine neue Ernennungsurkunde ausgehändigt erhalten haben, in der sie in das Beamtenverhältnis auf Lebenszeit berufen werden.

Nach § 110 Abs. 2 Hess. BG. i. d. F. vom 25. Juni 1948 gilt diese Umwandlung des Beamtenverhältnisses auf Lebenszeit in ein solches auf Widerruf sogar rückwirkend vom 12. Nov. 1946 ab, dem Tag des Inkrafttretens des Hessischen Beamtengesetzes in seiner ursprünglichen, die Vorschrift des § 109 Abs. 2 noch nicht enthaltenden Fassung.

gültige Versetzung in den Ruhestand (Versetzung in den Ruhestand), die übrigen Fälle der Beendigung des Beamtenverhältnisses und die Versetzung des Beamten in ein anderes Amt in den neuen Beamtengesetzen geregelt. Wegen der Zwangsbeurlaubung wird auf Art. 18 Bayer.BG, Art. 5 Abs. 2 W-B.BG und § 12 Abs. 3 Hess.BG, wegen der Versetzung in den Wartestand auf Art. 73—78 Bayer.BG, Art. 42—48 W-B.BG und § 71 Abs. 3—6 Hess.BG, wegen der Versetzung in den Ruhestand auf Art. 91—97 Bayer.BG., Art. 54—59 W-B.BG und § 73 Hess.BG, wegen der übrigen Fälle der Beendigung des Beamtenverhältnisses auf Art. 82—90 Bayer.BG, Art. 49 bis 53, 60 W-B.BG und §§ 45—54 Hess.BG, wegen der Versetzung des Beamten in ein anderes Amt auf Art. 64 Bayer.BG, Art. 41 W-B.BG und § 24 Hess.BG verwiesen.

c) Justizförmige Gestaltung des Dienststrafverfahrens.

Eine dem Art. 129 Abs. 3 Satz 1 RV entsprechende Vorschrift, wonach gegen jedes dienstliche Straferkenntnis der Beschwerdeweg und ein Wiederaufnahmeverfahren offenstehen muß, ist lediglich in Art. 95 Abs. 3 der Bayerischen Verfassung übernommen worden. Die zwecks justizförmiger Ausgestaltung des Dienststrafverfahrens erforderlichen Aenderungen der heute noch geltenden Reichsdienststrafordnung vom 26. 1. 1937[6]) sind in den hier in Rede stehenden Ländern bis jetzt noch nicht erfolgt.

d) Gewährleistung der subjektiven Beamtenrechte.

Die aus dem Beamtenverhältnis fließenden subjektiven Rechte und Rechtsansprüche der Beamten, die sog. „wohlerworbenen Rechte" der Beamten, sind in keiner der seither erlassenen neuen Verfassungen der deutschen Länder gewährleistet.

Abgesehen von der in Art. 95 Abs. 2 Bayer.Verf., in Art. 95 W-B.Verf., in Art. 79 W-H.Verf. und in Art. 107 Abs. 3 Bad.Verf. getroffenen Regelung[7]) ist auch in keiner der neuen Verfassungen der deutschen Länder festgelegt, daß den Beamten für die Verfolgung ihrer vermögensrechtlichen Ansprüche der ordentliche Rechtsweg, d. h. der Rechtsweg vor den ordentlichen Gerichten, offensteht. In Hessen sind durch § 9 Satz 2 Hess.BG „für das Verfahren bei (vermögensrechtlichen) Streitigkeiten aus dem An-

[6]) Vgl. § 6 III B 2c dieser Abhandlung. Vgl. dazu nunmehr auch die §§ 31—43 Hess BG. i. d. F. vom 25. Juni 1948.

[7]) Vgl. dazu auch Art. 157—161 Bayer. BG. u. Art. 63 W-B. BG.

stellungsvertrag" der Behördenbediensteten, einerlei, ob es sich um Beamte oder Angestellte handelt, die Arbeitsgerichte für zuständig erklärt. Gemäß § 29 Abs. 4 Hess.BG werden „Streitigkeiten aus dem Dienstverhältnis, die nichtvermögensrechtlicher Natur sind, im Verwaltungsstreitverfahren entschieden[7a])."

e) Anstellungs-, Beförderungs- und Prüfungswesen.

Daß vor der Anstellung als Beamter der Bewerber um die Beamtenstelle grundsätzlich eine Prüfung abzulegen hat, ist verfassungsrechtlich lediglich in Bayern vorgeschrieben. Dortselbst wird durch die Verfassung auch von Beamten, die befördert werden wollen, grundsätzlich Ablegung einer Prüfung verlangt. Der einschlägige Art. 94 Abs. 2 lautet:

„Die öffentlichen Aemter stehen allen wahlberechtigten Staatsbürgern nach ihrer charakterlichen Eignung, nach ihrer Befähigung und ihren Leistungen offen, die, soweit möglich, durch Prüfungen im Wege des Wettbewerbes festgestellt werden. Für die Beförderung der Beamten gelten dieselben Grundsätze[8]).

In Art. 94 W-B.Verf. heißt es:

„Die öffentlichen Aemter sind allen Staatsbürgern zugänglich. Für die Anstellung und Beförderung entscheiden ausschließlich Befähigung und Leistung nach Maßgabe der Gesetze. Jeder Beamte kann zu den obersten Stellen aufrücken, jeder Angestellte und Arbeiter des öffentlichen Dienstes in eine Beamtenstelle einrücken, wenn sie ihre Befähigung nachgewiesen haben."

In Ergänzung dieses Verfassungsartikels ist in Art. 12 Abs. 1 Satz 1 W-B.BG bestimmt, daß „in das Beamtenverhältnis nur solche Personen berufen werden, die ihre Befähigung durch Ablegung einer Prüfung nachgewiesen haben und in einer Bewerberliste der Landesbeamtenstelle eingetragen sind".

Danach gilt in Württemberg-Baden, wenn auch nicht unmittelbar kraft der Verfassung, so doch kraft des Beamtengesetzes der Grundsatz, daß die Anstellung als Beamter von dem Bestehen einer Prüfung abhängig ist.

Art. 135 Hess.Verf. schreibt vor, daß

„jeder, ohne Unterschied der Herkunft, der Rasse, des religiösen Bekenntnisses und des Geschlechts Zugang zu den öffentlichen Aemtern hat, wenn er die nötige Eignung und Befähigung besitzt".

Eine den vorstehenden Verfassungsartikel ergänzende Bestimmung, wonach vor der Anstellung als Beamter grundsätzlich eine

---

7a) Vgl. dazu Hess. Verw.-GesH. vom 11. 2. 48 im Arch. f. öff. R. Bd. 74 S. 351 ff. mit Anm. von Grewe.

8) Wegen der Prüfungen vgl. des Näheren Art. 67—71 Bayer. BG., wegen der Beförderungen Art. 65, 66 Bayer. BG.

Prüfung abzulegen ist, ist in Hessen nicht erlassen, insbesondere auch in dem dortigen Beamten- und Angestelltengesetz vom 12. 11. 1946 i. d. Fass. vom 25. 6. 1948 nicht enthalten.

Nach Art. 19 Rh-Pf.Verf. sind „alle Staatsbürger, ohne Unterschied der Rasse, des Religionsbekenntnisses, der Parteizugehörigkeit oder des Geschlechts, nach Maßgabe der Gesetze und entsprechend ihrer Befähigung und ihren Leistungen zu den öffentlichen Aemtern zugelassen, sofern sie die Gewähr dafür bieten, ihr Amt nach den Vorschriften und im Geiste der Verfassung zu führen". Das in dem vorstehenden Art. 19 vorbehaltene Gesetz, das die Frage regelt, ob die Anstellung als Beamter grundsätzlich durch das Bestehen einer Prüfung bedingt ist, ist in Rheinland-Pfalz, soweit bekannt, bisher noch nicht erlassen worden.

Danach können gemäß dem zur Zeit geltenden Rechtszustand in Hessen und in Rheinland-Pfalz auch Staatsbürger, die keine Prüfung abgelegt haben, als Beamte angestellt werden.

f. Uebertragung der Beamten-Personalverwaltung und -Personalpolitik auf neutrale Stellen im Staate.

In Bayern, Württemberg-Baden, Hessen, Rheinland-Pfalz, Württemberg-Hohenzollern und Baden ist die Ernennung und Entlassung der Landesbeamten verfassungsrechtlich der Landesregierung oder dem Ministerpräsidenten (Staatspräsidenten) oder einem einzelnen Landesminister, also parteipolitisch gebundenen Staatsorganen, übertragen, soweit nicht durch Gesetz etwas anderes bestimmt ist[9]). In Bayern, Württemberg-Baden und Hessen sind durch die neuen Beamtengesetze jedoch für die Bearbeitung eines bestimmten Kreises anderer wichtiger Fragen der Beamten-Personalverwaltung und -Personalpolitik besondere Stellen eingesetzt, die in Bayern als Landespersonalamt und örtliche Personalämter, in Württemberg-Baden als Landesbeamtenstelle und in Hessen als zentrales Personalamt und Personalkommission bezeichnet werden. Die Leitung der Beamten-Personalverwaltung und -Personalpolitik ist in Bayern, Württemberg-Baden und Hessen, also nicht mehr wie zu Zeiten des Weimarer Staates einheitlich in die Hand der Landesregierung oder einzelner Mitglieder derselben gelegt, sondern zwischen der Landesregierung und einer oder mehreren besonderen Landespersonalstellen geteilt. Diese Landespersonalstellen sind in Bayern und Württem-

9) Vgl. dazu Art. 55 Abs. 4 Bayer. Verf.; Art. 75 W-B. Verf.; Art. 108 Hess. Verf.; Art. 102 Rh.-Pf. Verf.; Art. 48 W-H. Verf.; Art. 84 Bad. Verf.

berg-Baden nach dem Kollegialsystem, in Hessen teils nach dem Büro-, teils nach dem Kollegialsystem aufgebaut.

Das in Bayern bestehende „Landespersonalamt" setzt sich aus sieben Mitgliedern zusammen, die vom Ministerpräsidenten auf die Dauer von 6 Jahren berufen werden und ihre Tätigkeit ehrenamtlich ausüben. Eines der Mitglieder wird vom Ministerpräsidenten zum Vorsitzenden des Landespersonalamts ernannt. Unter den Mitgliedern des Landespersonalamts sollen sich in der Regel befinden: Ein Richter, je ein Beamter der inneren und Finanzverwaltung, ein Hochschullehrer, ein Vertreter der Beamtengewerkschaften, der von diesen vorgeschlagen wird, und zwei unabhängige Persönlichkeiten, die nicht Beamte sind[10]).

Die in Württemberg-Baden eingerichtete „Landesbeamtenstelle" besteht aus fünf Mitgliedern, die auf die Dauer von 6 Jahren teils ernannt, teils bestimmt werden. Der Vorsitzende und zwei in Fragen des öffentlichen Dienstes der verschiedenen Verwaltungszweige erfahrenen Mitglieder werden vom Staatsministerium ernannt. Je ein weiteres Mitglied wird vom Landtag und von dem Gewerkschaftsbund bestimmt[11]).

In Hessen ist ein „zentrales Personalamt" errichtet und eine „Personalkommission" bestellt.

Das zentrale Personalamt untersteht einem Direktor (Präsidenten) der hauptamtlich eingesetzt wird[12]).

Die dem Direktor des Personalamtes zur Seite gestellte Personalkommission besteht aus dreizehn Mitgliedern. Hiervon wird ein Mitglied vom Finanzminister, das zweite vom Innenminister und das dritte vom Ministerpräsidenten aus den übrigen Ministerien bestellt. Die weiteren Mitglieder wählt der Landtag, darunter müssen sich drei Mitglieder befinden, die von den Gewerkschaften der Bediensteten für die Wahldauer des Landtages vorgeschlagen werden. Ein Drittel der Mitglieder scheidet jährlich aus und ist auf die gleiche Weise zu ergänzen. Die Mitglieder der Personalkommission können auf Beschluß des Kabinetts jederzeit aus einem wichtigen Grunde entlassen werden. Gegen die Entlassung ist die Klage beim Landesverwaltungsgericht zulässig. Der Vorsitzende der Personalkommission wird von dieser aus dem Kreise ihrer Mitglieder gewählt[13]).

---

10) Vgl. Art. 39, 40 Bayer. BG. Wegen der in den Stadtkreisen Bayerns zulässigen örtlichen Personalämter vgl. Art. 48, 49 Bayer. BG.

11) Vgl. Art. 37 Abs. 2 u. 3 W-B. BG. Wegen der Einrichtung entsprechender „Beamtenstellen" bei größeren Selbstverwaltungskörperschaften vgl. Art. 38 Abs. 3 W-B. BG.

12) Vgl. §§ 96, 97 Hess. BG.

13) Vgl. § 102 Hess. BG.

In Bayern und vor allem in Württemberg-Baden hat der Gesetzgeber Maßnahmen getroffen, um dem Landespersonalamt bzw. der Landesbeamtenstelle nach amerikanischem Vorbild die Stellung eines unabhängigen, parteipolitisch neutralen Staatsorgans zu gewährleisten.

Zu dem Zwecke dürfen in Württemberg-Baden nach Art. 37 Abs. 2 des Beamtengesetzes zu Mitgliedern der Landesbeamtenstelle solche Personen nicht ernannt und bestimmt werden, „die ein politisches Amt bekleiden oder die einem Ausschuß einer politischen Partei oder einer Wählergruppe angehören". Danach sollen also Personen, die sich parteipolitisch aktiv betätigen, von einer Mitgliedschaft bei der Landesbeamtenstelle ausgeschlossen sein[14]. Nach Art. 37 Abs. 4 W-B.BG ist die Landesbeamtenstelle bei ihrer Tätigkeit nur dem Gesetz unterworfen. Auch den einzelnen Mitgliedern der Landesbeamtenstelle können hinsichtlich ihrer dortigen amtlichen Tätigkeit von ihren vorgesetzten Dienststellen keine Weisungen erteilt werden. Nach Art. 37 Abs. 5 W-B.BG können die Mitglieder der Landesbeamtenstelle nur unter den für Richter geltenden Voraussetzungen von ihrem Amt als Mitglieder der genannten Stelle entfernt werden. Nach Art. 38 Abs. 2 W-B.BG hat die Landesbeamtenstelle ihre Aufgaben „unparteiisch und streng sachlich" zu erfüllen.

In Bayern müssen nach Art. 40 des dortigen Beamtengesetzes die Mitglieder des Landespersonalamtes mit den Grundsätzen des genannten Gesetzes einverstanden und fähig sein, sie unparteiisch durchzuführen. Unter den in Art. 40 Abs. 3 Bayer.BG aufgeführten Mitgliedern des Landespersonalamts sollen sich außer vier Berufsbeamten und einem Vertreter der Beamtengewerkschaften, wie bereits erwähnt, „zwei unabhängige Persönlichkeiten befinden, die nicht Beamte sind". Gemäß Art. 41 Bayer.BG sind die Mitglieder des Landespersonalamts unabhängig und nur dem Gesetz unterworfen; sie können aus ihrem Amt nur unter denselben Voraussetzungen und in demselben Verfahren wie richterliche Beamte entfernt werden.

In Hessen ist demgegenüber durch das Beamten- und Angestelltengesetz vom 12. 11. 1946[15]) weder für eine parteipolitische Neutralisierung des Direktors des Personalamtes und der Mitglieder der Personalkommission Vorsorge getroffen noch ist dort bestimmt, daß die vorgenannten Personen bei ihrer Tätigkeit auf dem Gebiet des Beamtenpersonalwesens unabhängig und nur dem Gesetz unter-

14) Der Ausschluß dürfte sich nach dem Wortlaut des Art. 37 Abs. 2 nicht auch auf sog. passive Mitglieder politischer Parteien beziehen.

15) Vgl. §§ 96—104.

worfen sind. Daß die Mitglieder der Personalkommission in dieser amtlichen Stellung keine richterlichen Garantien genießen, sondern auf Beschluß des Kabinetts aus einem wichtigen Grunde jederzeit aus ihrer vorbezeichneten Stellung entlassen werden können, ist bereits früher bemerkt worden.

Die wichtigsten der in Bayern dem Landespersonalamt und in Württemberg-Baden der Landesbeamtenstelle übertragenen Aufgaben sind folgende:

1. die Ueberwachung der Durchführung des Beamtengesetzes und in Verbindung damit die Feststellung einzelner oder allgemeiner Mißstände, die sich bei der Durchführung des Gesetzes ergeben haben, ferner die Vorlage von Abänderungsvorschlägen an die Landesregierung und den Landtag;
2. die Erstellung und Führung eines Verzeichnisses sämtlicher Beamtenstellen und deren Einstufung entsprechend den Pflichten und Verantwortlichkeiten dieser Stellen, die Nachprüfung der Angemessenheit der für die Stellen ausgesetzten Gehälter und erforderlichenfalls die Vorlage von Abänderungsvorschlägen;
3. die Erstellung und Führung einer Liste oder Kartei sämtlicher Beamten mit Angabe der Dienststelle, der Einstufung des Gehaltes und der üblichen Personalangaben;
4. die Führung von Listen der Bewerber für den öffentlichen Dienst und der Wartestandsbeamten;
5. der Erlaß von Vorschriften über die Ausbildung und Fortbildung der Beamten und in Verbindung damit der Erlaß von Prüfungsbestimmungen und die Beaufsichtigung der Prüfungen;
6. die Einrichtung und Beaufsichtigung der für die Ausbildung und Fortbildung der Beamten bestimmten Schulen und Unterrichtskurse[16]).

In Hessen hat der Direktor des Personalamtes namentlich folgende Aufgaben zu erfüllen:

1. Die Erstellung und Führung einer Liste aller im öffentlichen Dienst beschäftigten Personen, in der für jeden Beschäftigten die Einstufung der von ihm bekleideten Stelle, das Gehalt, jede Aenderung sowie sonstige notwendige Angaben enthalten sind;
2. die Errichtung und Beaufsichtigung der für die Ausbildung und Fortbildung der öffentlichen Bediensteten erforderlichen

[16]) Vgl. hierzu im einzelnen Art. 47 Bayer. BG. u. Art. 38 W-B. BG.

Schulen sowie die Aufstellung der Ausbildungs- und Fortbildungspläne;

3. die Anstellung von Untersuchungen über die Durchführung des Beamten- und Angestelltengesetzes vom 12. 11. 1946 und dessen Auswirkungen sowie die Berichterstattung hierüber an die Personalkommission und das Kabinett[17]).

Der in Hessen eingesetzten Personalkommission sind insbesondere folgende Aufgaben zugewiesen:

1. die Vertretung des öffentlichen Interesses an der Verbesserung des Personalwesens;
2. die Beratung und Unterstützung des Kabinetts und des Direktors des Personalamtes in Fragen des Personalwesens;
3. die Anstellung von Untersuchungen über das Personalwesen, die Ueberprüfung von Maßnahmen des Personalamtes und die Vorlage von Verbesserungsvorschlägen.

Ausführungsvorschriften des Direktors des Personalamtes, die sich vor allem auf den Vollzug der Besoldungsordnung, die Führung der Listen, die Durchführung von Prüfungen, die Erhebung von Gebühren für Prüfungen, die Erteilung von Qualifikationen, die Arbeitszeit, den Urlaub und die Versetzung in den Wartestand beziehen, bedürfen der Genehmigung der Personalkommission. Diese kann ihrerseits dem Direktor des Personalamtes Vorschläge zu Ausführungsvorschriften über die vorerwähnten Angelegenheiten vorlegen[18]).

In den Vereinigten Staaten von Amerika und — dem dortigen Vorbild entsprechend — in Württemberg-Baden und Bayern sind „Personalämter" anerkanntermaßen zu dem Zwecke eingerichtet, um die Erledigung wichtiger Angelegenheiten auf dem Gebiete der Beamten-Personalverwaltung und -Personalpolitik durch unabhängige, parteipolitisch neutrale Staatsorgane sicherzustellen. Da in Hessen der Gesetzgeber, wie oben dargelegt, die Unabhängigkeit und parteipolitische Neutralität des zentralen Personalamtes und seines Direktors sowie der Personalkommission nicht gewährleistet hat, hat die Einrichtung der vorgenannten beiden Stellen hier offenbar ihren Zweck verfehlt. Die Gründe, aus denen man in Hessen die Erledigung wichtiger Angelegenheiten der Beamten-Personalverwaltung und -Personalpolitik der parteipolitisch gebundenen Landesregierung entzogen und sie den ebenfalls parteipolitisch gebundenen Stellen des zentralen Personalamtes und der

17) Wegen der Einzelheiten vgl. § 98 Hess. BG.
18) Vgl. des Näheren §§ 103, 104 Hess. BG.

Personalkommission übertragen hat, sind unverständlich. Das gilt um so mehr, wenn man die nicht unbeträchtliche Komplizierung und Verteuerung der Personalverwaltung berücksichtigt, welche die Einrichtung der hier in Rede stehenden beiden Personalstellen zur Folge hat.

In den Vereinigten Staaten von Amerika sind zwecks Fernhaltung der politischen Parteien von der Beamten-Personalverwaltung und -Personalpolitik nicht nur die obenerwähnten, unabhängigen, parteipolitisch neutralen „Personalämter" errichtet, sondern es ist ferner auch bestimmt, daß das für die Ernennung der Beamten zuständige, parteipolitisch gebundene Staatsorgan, etwa der Gouverneur eines Staates, bei der Besetzung einer freien Beamtenstelle unter den drei obersten, auf der Prüfungsliste stehenden, ihm von der Civil Service Commission benannten Bewerbern zu wählen hat[19]. Eine solche — das freie Ermessen der Ernennungsbehörde erheblich einschränkende — Regelung ist aber, soviel ich habe feststellen können, bisher weder in Bayern noch in Württemberg-Baden, noch in einem anderen deutschen Lande getroffen worden.

2. Rechtliche Maßnahmen zur Fernhaltung des Berufsbeamtentums von den Parteien.

In den Verfassungen von Bayern, Württemberg-Baden, Rheinland-Pfalz und Württemberg-Hohenzollern wird nach dem Vorbild des Art. 130 Abs. 1 RV der Satz proklamiert, daß „die Beamten Diener des ganzen Volkes, nicht einer einzelnen Partei sind"[20]. In die Verfassung von Hessen ist eine entsprechende Vorschrift nicht aufgenommen. Im § 10 Abs. 2 Hess.BG heißt es aber:

> „Jeder Bedienstete muß sich in der Ausübung seines Amtes stets bewußt sein, daß er ein Diener des Volkes und ein unermüdlicher Helfer und Förderer der Wohlfahrt des Einzelnen wie der Gesamtheit der Bevölkerung ist. Die strenge Beobachtung dieser Grundauffassung von der Verwaltung eines öffentlichen Amtes darf zu keiner Zeit von dem Bediensteten verletzt werden."

Maßnahmen zur praktischen Durchführung der vorerwähnten Proklamation von der parteipolitischen Neutralität des Berufsbeamtentums und demgemäß zu dessen Fernhaltung von den politischen Parteien sind jedoch in der Verfassung keiner der hier angeführten Länder getroffen. Einschlägige Vorschriften finden sich lediglich in einfachen Gesetzen einiger Länder, so namentlich im Be-

---

19) Vgl. dazu § 6 III 2 A dieser Abhandlung.

20) Vgl. Art. 96 Bayer. Verf.; Art. 93 Abs. 2 W-B. Verf.; Art. 127 Abs. 1 Rh.-Pf. Verf.; Art. 76 Abs. 1 W-H. Verf.

amtengesetz für Württemberg-Baden vom 19. 11. 1946, in dem vorläufigen Gesetz über die Rechtsstellung der Beamten in Niedersachsen vom 10. 6. 1947 und in den Landtagswahlgesetzen für Nordrhein-Westfalen, Niedersachsen und Schleswig-Holstein vom Februar und März 1947. Demgegenüber ist in Rheinland-Pfalz durch die Verfassung, in Bayern durch das Beamtengesetz vom 28. Okt. 1946 und in Hessen durch das Beamten- und Angestelltengesetz vom 12. 11. 1946 — ungeachtet der zuvor erfolgten Proklamation des Grundsatzes von der parteipolitischen Neutralität des Berufsbeamtentums — den Beamten der Weg in die Parteien, ähnlich wie im Weimarer Staat, in weitgehendem Maße freigegeben.

So ist in Art. 127 Abs. 1 Rh.-Pf.Verf. bestimmt:

„Die Angehörigen des öffentlichen Dienstes sind Diener des ganzen Volkes, nicht einer Partei. Die Freiheit ihrer politischen Betätigung und Vereinigungsfreiheit wird gewährleistet."

a) Ausschluß des Beamten von einer Betätigung in staatlichen und kommunalen Parlamenten.

In Württemberg-Baden bleibt gemäß Art. 21 Abs. 2 des Beamtengesetzes die politische Betätigung des Beamten auf die Ausübung seines (aktiven) Wahlrechts und auf die passive Mitgliedschaft bei einer politischen Partei beschränkt. Bis zum Ablauf des Jahres 1948 ist dem Beamten jedoch auch eine aktive politische Betätigung eingeräumt, soweit hierdurch die ordnungsmäßige Ausübung seines Amtes nicht beeinträchtigt wird. Durch Verordnung des Staatsministeriums soll bestimmt werden, in welchem Umfang der Beamte, der in eine gesetzgebende Körperschaft gewählt ist, sich auch noch den Geschäften seines Amtes zu widmen hat. Diese Verordnung unterliegt der Zustimmung des Landtags. Danach ist in Württemberg-Baden dem Beamten das passive Wahlrecht und damit die Möglichkeit parteipolitischer Betätigung durch Uebernahme eines Mandats für staatliche ebenso wie für kommunale Parlamente entzogen. Eine Ausnahme von diesem Grundsatz gilt lediglich für eine Uebergangszeit, nämlich bis zum Ablauf des Jahres 1948, und zwar mit den in Art. 21 Abs. 2 Satz 2 u. 3 BG festgelegten, im vorigen angeführten Beschränkungen.

In Nordrhein-Westfalen ruht gemäß § 4 des Gesetzes über die 1. Wahl zum Landtag des genannten Landes (Landeswahlgesetz) vom 22. Jan. 1947 in der Fassung des Beschlusses des Landtags vom 5. März 1947 die Wählbarkeit der Beamten, Angestellten und Arbeiter im öffentlichen Dienst, bis sie durch besonderes Gesetz geregelt ist. Danach ist in Nordrhein-Westfalen dem Beamten das passive Wahlrecht zum Landtag bis auf weiteres versagt.

In Niedersachsen ist durch das Landeswahlgesetz vom März 1947 den Landes- und Gemeindebeamten das passive Wahlrecht zum Landtag entzogen. Nach § 6 Abs. 1 des genannten Gesetzes darf niemand gewählt werden, der im Dienst einer Gemeinde, eines Gemeindeverbandes oder des Landes Niedersachsen steht. Nach § 6 Abs. 3 hat jede der im § 6 Abs. 1 genannten Personen, die beabsichtigt, sich als Wahlkandidat für den Landtag aufstellen zu lassen, die Entlassung aus dem Dienst zu beantragen. Dem Entlassungsantrag ist unverzüglich zu entsprechen. Bis zu seiner Entlassung hat sich der Landes- und Gemeindebeamte jeder Tätigkeit als Wahlkandidat zu enthalten. Die Kandidatur darf nicht angenommen werden, bevor die Entlassung aus dem Dienst erfolgt ist.

In Schleswig-Holstein ist das passive Wahlrecht der Beamten zum Landtag durch das Landeswahlgesetz vom Februar 1947 erheblich beschränkt. Nach § 12 des genannten Gesetzes sind Beamte der Besoldungsgruppe A 2 d und darüber sowie Angestellte des öffentlichen Dienstes der Vergütungsgruppe III TOA und darüber als Bewerber für ein Abgeordnetenmandat zum Landtag nur zugelassen, wenn sie die Erlaubnis ihres zuständigen Landesministers oder ihrer obersten Dienstbehörde nachweisen. Die Erlaubnis darf nur aus zwingenden Gründen versagt werden. Gegen ihre Versagung ist die Beschwerde an den Landeswahlausschuß zulässig. Alle anderen Beamten und Angestellten des öffentlichen Dienstes können sich ohne Einschränkung um einen Sitz im Landtag bewerben. Im Falle ihrer Wahl gilt für Beamte und öffentliche Angestellte folgendes: Die Beamten und Angestellten der inneren Verwaltung des Landes und sämtlicher Ministerien dürfen die Annahme der Wahl erst dann erklären, wenn sie von ihrem Amt zurückgetreten sind[21]). Soweit sie im Besitz der nach § 12 Abs 1 erforderlichen Erlaubnis sind oder sich nach § 12 Abs. 2 ohne Einschränkung um einen Sitz im Landtag bewerben können, behalten sie die Anwartschaft auf ihr Amt und die weiteren Rechte aus ihrem Amt und erhalten als Ausgleich ein Wartegeld, das ihrer bisherigen Dienststellung entspricht und auf den Etat des Landtags zu übernehmen ist.

In Rheinland-Pfalz ist dagegen den Beamten das passive Wahlrecht zu staatlichen und kommunalen Parlamenten durch die obenerwähnte Vorschrift des Art. 127 Abs. 1 der Verfassung ausdrücklich gewährleistet. Auch in Bayern ist den Beamten das passive Wahlrecht zu den genannten Parlamenten in Anbetracht des Fehlens einer entgegenstehenden gesetzlichen Bestimmung zuzuerkennen. In Hessen sind die Beamten nach § 10 Abs. 4 Satz 2

---

21) Der genannten Beschränkung unterliegen nicht Beamte der Justizverwaltung, also insbesondere Richter und Staatsanwälte, sowie Lehrer.

des Beamten- und Angestelltengesetzes vom 12. 11. 1946 „im Rahmen der allgemeinen gesetzlichen Vorschriften wahlberechtigt und wählbar". Da die in Hessen geltenden allgemeinen gesetzlichen Vorschriften das passive Wahlrecht der Beamten weder ausschließen noch einschränken, können auch hier die Beamten Abgeordnetenmandate sowohl für staatliche als auch für kommunale Parlamente übernehmen.

b) Verbot der Beteiligung des Beamten an politischen Parteien.

Ein allgemeines Verbot der Beteiligung des Beamten an politischen Parteien ist in keinem der hier in Rede stehenden deutschen Länder erlassen.

In Bayern, Hessen und Rheinland-Pfalz ist vielmehr im Gegenteil den Beamten eindeutig das Recht zuerkannt, sich nicht nur durch Mitgliedschaft und Beitragszahlung an die Parteikasse zu einer Partei zu bekennen (passive Mitgliedschaft), sondern darüber hinaus auch sich für eine Partei aktiv zu betätigen, also für dieselbe als Versammlungsredner, Parteischriftsteller oder Mitarbeiter in ihrer inneren Organisation tätig zu sein. In Bayern und Hessen ist dieses Recht jedoch ausdrücklich nur auf die Beteiligung an solchen politischen Parteien beschränkt, die sich zu den Grundsätzen des demokratisch-konstitutionellen Staates bekennen. Auf Art. 23 Bayer.BG und § 10 Abs. 4 in Verb. mit § 10 Abs. 3 Hess.BG wird verwiesen.

In Württemberg-Baden ist dagegen den Beamten nach der bereits oben angeführten Vorschrift des Art. 21 Abs. 2 des Beamtengesetzes vom 28. 10. 1946 mit Wirkung vom 1. 1. 1949 ab nur die passive Mitgliedschaft bei einer politischen Partei, nicht auch die aktive Betätigung für dieselbe gestattet. Bis zum Ablauf des Jahres 1948 steht aber auch dort den Beamten die aktive Betätigung für eine politische Partei frei.

In Niedersachsen ist durch § 5 Abs. 2 des Vorläufigen Gesetzes über die Rechtsstellung der Beamten vom 10. 6. 1947 (GVoBl. S. 67) den Beamten jede öffentliche politische Betätigung und damit auch die aktive Betätigung für eine politische Partei untersagt.

c) Verbot der Teilnahme des Beamten an regierungsfeindlichen öffentlichen Kundgebungen.

Ein Verbot der Teilnahme des Beamten an regierungsfeindlichen öffentlichen Kundgebungen findet sich weder in den Verfassungen noch in den Beamtengesetzen der hier in Rede stehenden deutschen Länder.

Das Streikrecht wird in Württemberg-Baden durch Art. 23 Abs. 4 der Verfassung, in Bayern durch Art. 22 Abs. 2 des Beamtengesetzes den Beamten der verfassungsmäßigen Staatsgewalt gegenüber aberkannt. Dagegen wird in Hessen durch Art. 29 Satz 2 der Verfassung auch den Beamten das Streikrecht zugestanden, wenn die Gewerkschaften den Streik erklären. In Rheinland-Pfalz wird durch Art. 66 Abs. 2 in Verb. mit Art. 127 Abs. 1 Satz 2 der Verfassung den in Gewerkschaften organisierten Beamten das Streikrecht im Rahmen der Gesetze gewährleistet.

III. Zusammenfassung der Ergebnisse.

Der im vorigen unternommene Ueberblick über die neuen Verfassungen und Beamtengesetze von Bayern, Württemberg-Baden, Hessen, Rheinland-Pfalz, Württemberg-Hohenzollern, Baden und Bremen hat folgendes ergeben:

Die Einrichtung des Berufsbeamtentums als solche ist verfassungsrechtlich in Bayern und Baden ausreichend, in Württemberg-Baden und Rheinland-Pfalz einigermaßen, in Hessen und Bremen überhaupt nicht gewährleistet. Die rechtliche Stellung der Berufsbeamten ist in den genannten deutschen Ländern durchaus ungleich und in keinem von ihnen ausreichend gesichert. Maßnahmen zur Fernhaltung der Berufsbeamten von den politischen Parteien sind ausschließlich in dem neuen Beamtengesetz von Württemberg-Baden und auch dort erst mit Wirkung vom 1. Jan. 1949 ab, sowie in dem Vorläufigen Gesetz über die Rechtsstellung der Beamten in Niedersachsen getroffen. Alles in allem steht fest, daß die in der vorliegenden Abhandlung unter Hinweis auf das amerikanische, englische und französische Vorbild erhobene Forderung nach Ausgestaltung des Berufsbeamtentums zu einem parteipolitisch neutralen Faktor innerhalb des Staates in den neuen Verfassungen und Beamtengesetzen keines der hier in Rede stehenden deutschen Länder hinlänglich erfüllt ist. Es handelt sich hierbei nicht nur um einen mehr oder minder beachtlichen „Schönheitsfehler", sondern um einen schwerwiegenden Konstruktionsfehler innerhalb des neuen verfassungsrechtlichen Aufbaues der obengenannten deutschen Länder, um eine offensichtliche Verletzung der Spielregeln des modernen Parteienstaates. Wir wollen hoffen, daß die neue deutsche Reichsverfassung diesen Fehler beseitigen und das Berufsbeamtentum zu einem parteipolitisch neutralen Faktor im neuen deutschen Parteienstaat, im Reich ebenso wie in den Ländern, machen wird.

FSC
www.fsc.org
MIX
Papier | Fördert
gute Waldnutzung
FSC® C083411

Kolibri 360 GmbH
Ferdinand-Jühlke-Straße 7
99095 Erfurt, Deutschland
produktsicherheit@kolibri360.de